KB122596

Original Japanese title: SEKAI NO MIKATA GA KAWARU 50 NO GAINEN
Copyright © 2017 Takashi Saito
Original Japanese edition published by Soshisha Co., Ltd.
Korean translation rights arranged with Soshisha Co., Ltd.
through The English Agency(Japan) Ltd. And Danny Hong Agency
Korean translation copyright © 2018 by Dongnyok Publishers

개념력

개념이라는 보드로 세상의 파도를 올라타라

초판 1쇄 펴낸날 2018년 6월 29일

지은이 사이토 다카시 옮긴이 홍성민
펴낸이 이건복 펴낸곳 도서출판 동녘

등록 제311-1980-01호 1980년 3월 25일
주소 (10881) 경기도 파주시 회동길 77-26
전화 영업 031-955-3000 편집 031-955-3005 전송 031-955-3009
블로그 www.dongnyok.com 전자우편 editor@dongnyok.com

ISBN 978-89-7297-916-6 (03190)

• 잘못 만들어진 책은 구입처에서 바꿔 드립니다.
• 책값은 뒤표지에 쓰여 있습니다.
• 이 도서의 국립중앙도서관 출판시도서목록(CIP)은 서지정보유통지원시스템 홈페이지
  (http://seoji.nl.go.kr)와 국가자료공동목록시스템(http://www.nl.go.kr/kolisnet)에서 이용하실 수 있
  습니다.(CIP제어번호: CIP2018017581)

사이토 다카시 지음 · 홍성민 옮김

'개념'을 알면 세상 보는 눈이 달라진다

개념은 세상을 살아가기 위한 '무기'다

'개념'은 사고력의 열쇠가 되는 핵심어다. 하지만 그 단어 자체의 정확한 의미를 아는 사람은 드물다. 영어·프랑스어에서는 개념을 뜻하는 단어가 콘셉트(concept), 독일어로는 베그리프(Begriff)이고, 사전적 정의로는 '사물의 본질을 파악하는 양식'이다.

세상에서 실체를 갖는 것들, 구체적인 대상은 너무 다양하고 일관성이 없는 것처럼 보인다. 거기에 공통되게 존재하는 '본질'을 파악해서 말로 풀이한 것이 개념이다. 그러므로 개념은 추상적일 수밖에 없다.

그 개념으로 세상을 보면 모든 것이 새로운 관점으로 다가온다. '추상적'이라는 말에는 일반적으로 '명확하지 않다'는 부정적 의미가 있다. 그런데 사실 추상어에는 구체적 관점으로는 보이지 않던 본질까지 간파하는 힘이 있다.

"네 이야기는 추상적이다"라고 부정적으로 말할 때는 추상어(개념)를 구체적 단어로 관련지어 말하지 못한다는 약점이 있다는 의미다. 개념은 구체적인 것과 연결해야 힘을 발휘한다. 개념을 늘어놓기만 해선 안 되며 '효율적으로 구사'할 때만이 그 개념은 의의를 가질 수 있다.

철학·사상 분야에서는 이런 개념이 많이 생겨나 점차 용어로써 새로운 세계를 보는 방법을 제시해준다.

뛰어난 개념은 세상과 사물을 보는 관점을 바꿔준다

예를 들어, 뉴턴(I. Newton)의 '만유인력'이라는 개념을 통해 인류는 우주관의 변화를 겪는다. 천체 운동이나 지상에서의 운동도 만유인력이라는 하나의 원리로 설명할 수 있게 되었다.

공자(孔子)는 사람이 마땅히 지켜야 할 다섯 가지 도리인 '인의예지신(仁義禮智信)'이나 '천(天: 하늘)'을 말했는데 이것도 하나의 개념이다. 인간은 '예'를 중시하는데 그것은 예라는 개념을 자유롭게 구사할 수 있기 때문이다. 예를 들어 누군가를 만났을 때 하는 '인사'는 어떤 행위에 대한 명칭으로 개념이라는 수준에까지는 미치지 못하지만, 그 행위의 다양한 국면에서 예를 볼 수 있다. 예의 개념이 있는 사회와 없는 사회는 크게 다를 수밖에 없다.

뛰어난 개념은 선인들의 지혜와 사고의 결정체다

하나의 뛰어난 개념은 세상을 보는 관점을 바꿔 사고(思考)에 폭과 깊이를 더해준다. 당신의 마음이 자꾸만 불안정할 때 이를 단단히 잡아준다.

세상은 현기증이 날 정도로 너무나 빠르고 복잡하게 변한다. 그런 상황에서 어떻게 안정되고 평화로운 마음을 유지하느냐는 매우 중요한 문제다. 조금만 방심하면 누구나 우울증에 걸릴 가능성이 있다. 어떤 사람들은 타인과 동떨어져 지낸다는 기분에 고독감을 느낀다. 반대로, 사람 속에 묻혀 자신을 잃어버린 듯한 상실감을 느끼는 사람도 있다. 지나치게 주위에 신경을 쓰다 보면 스트레스를 받고 사람과 멀어지고 싶다는 생각을 하기도 한다. 그러한 다양한 문제들이 이전보다 빠른 속도로 우리를 덮친다.

눈과 귀를 통해 들어오는 정보는 이전보다 훨씬 많아졌고 직장에서 요구하는 것도 많아졌다. 컴퓨터의 도입으로 한 사람이 세 명 몫을 일할 수 있게 되면서 고용은 불안정해졌다. 게다가 비정규직이 늘면서 지금의 일을 묵묵히 하는 것만으로는 평안한 미래를 그릴 수 없게 되어 이전보다 불안감도 훨씬 커졌다.

이러한 여러 이유에서 인생을 편히 살게 해줄 무기를 갖고 싶어 하는 사람이 많다.

"만국의 노동자여 단결하라"는 공산주의, 마르크스주의를 상징하는 외침을 듣거나 읽으면서 당시 사람들은 "자신은 노동자로서 자본가에게 착취당하고 있다"는 것을 깨닫고 용기를 얻었을 것이다. 이들은 공산주의, 마르크스주의라는 개념으로 세상을 보는 방법을 배우고 그것을 힘으로 바꾸었다.

개념을 알면 세상이 또렷하게 보인다

새로운 관점으로 자신과 사회와 세상을 바라보면 기존에 생각하지 못한 점을 알게 되어 안갯속처럼 답답했던 시야가 트이고 개운함을 느낀다. 이 개념이란 것은 인생을 편하게 해주는 효과가 있다.

나의 인생을 돌아보니 '개념을 습득한 후 이를 하나의 무기 삼아' 매사에 대처했다. 개념을 통해 사물을 보는 다양한 관점을 가지면서 세상을 넓게 인식하고 스트레스 없이 살게 되었다.

그게 전부가 아니다. 개념을 직접 사용하다 보니 지적 수준이 높아지는 느낌이 들었다. 사회학자 막스 베버(Max Weber)의 개념이나 철학자 조르주 바타유(Georges Bataille)의 개념을 일상에서 사용함으로써 실질적 효용을 느꼈을 뿐 아니라 개념을 사용하는 기쁨과 지적 흥분까지 맛보게 되었다.

'파놉티콘(panopticon)'이라는 개념을 전혀 몰랐을 때와 그 개념을 이해한 후를 비교하면 세상을 보는 관점이 바뀐다. '실제로는 감시당하지 않는데도 일방적으로 감시당한다고 믿게 된다'는 이 개념의 의미를 알고 나면 스트레스는 남이 아닌 나 스스로가 만들어내는 것일 수도 있다고 생각하게 된다.

개념을 알면 세상에 대처할 처방전이 보인다

나는 젊은 시절, 책을 쓰는 것은 자신의 생각을 일방적으로 주장하는 것이라고 생각했다. 그런데 그렇게 해서 쓴 책은 전혀 팔리지 않았다. 그러나 간주관성, 즉 주관과 주관이 만나 섞이는 것으로 공통적인 부분이 만들어진다는 개념을 알게 된 후에는 독자의 요구를 분석하고 독자의 시점을 도입해서 글을 썼다. 덕분에 베스트셀러 작가가 될 수 있었다.

개념을 효율적으로 구사함으로써 보이는 풍경이 달라진다

세상을 보는 눈이 없어서 답답함을 겪고 있지는 않은가? 일단 개념 구사로 세상이 보이면 그 후에는 이렇게 해서 습득한 편안함 때문에 개념을 활용하지 않을 수 없다.

개념의 효율적 구사를 살아가는 힘으로 바꾼다

갓 대학생이 되었을 때는 모든 것이 설렜다. 특히 지적인 개념을 배우는 일에 큰 기쁨을 느꼈다. 다양한 개념을 습득하면서 지적인 무기를 하나씩 얻고 있음을 실감했다. 고등학교 때 배웠던 것과 다르고, 회사에서 배우게 될 것과도 다른, 다양한 분야의 개념들이 눈부실 만큼 화려하게 다가와 가슴을 쿵쾅거리게 했다. 개념이란 무얼 의미할까, 무엇에 도움이 될까, 그렇게 자꾸 관심을 갖게 되면서 나는 이것저것 가리지 않고 다양한 개념을 섭렵했다.

내가 대학생이던 1980년 전후는 현대사상이 크게 유행했다. 지금과는 달리 지식의 힘으로 살기 좋은 세상을 만들 수 있다는 것이 전반적 분위기였다. 지금도 나는 지식은 힘이 된다는 생각을 버리지 않았다. 나는 개념을 자유자재로 구사하는 힘이 '지성'이라고 본다.

나는 이 같은 체험을 통해 대학생이라면 최소한 이 정도 개념은 알아야 한다고 생각하는 것들을 강의에서 가르치려고 노력한다.

이 책에서 나는 '야생의 사고'라는 개념을 소개할 것이다.

이는 과학적 · 합리적 사고와 달리 필요에 따라 그 자리에 있는 것들을 조합해 조달하는 브리콜라주(bricolage: 여러 가지 일에 손 대기, 수리)라는 사고법이다. 학생들에게 "이것이 자신에게 어떤 의미를 갖는지 자신의 관점에서 해석해보고 브리콜라주에 대한 자신의 경험을 에피소드와 함께 말해보자"고 한다. 그러면 학생들은 저마다 임시변통으로 대처한 경험을 발표한다. 이렇게 해서 학생들은 흥미를 가지고 과제에 임할 수 있다.

나는 대학에서 교사가 될 학생들을 가르친다. 교사가 되려는 학생에게만 한정된 것이 아니라 모든 학생에게 가장 중시해야 할 것이 지력(知力)의 양성이라고 생각한다.

'개념을 효율적으로 구사해서 살아가는 힘으로 바꾼다.'

이것이 지력이다. 지식만으로는 충분하지 않다. 생활과 인생에 활용할 수 있느냐가 중요하다. 그처럼 '효율적으로 구사할 수 있는 개념'을 습득해야 한다. 개념을 지식으로 습득하는 것은 물론이고 자신이 겪은 에피소드와 함께 경험으로 말할 수 있게 하는 것, 그것이 이 책을 쓴 목적 가운데 하나다.

철학 교과서에서 철학적 개념을 읽으면서 자신과는 관계 없다고 받아들일 때 그것은 단순한 정보에 불과할 뿐이다. 세상에 넘쳐나는 정보 자체로는 아무 도움이 되지 않는다.

나는 이 책에서 '트리(tree)형'과 '리좀(rhizome)형'이라는 개넘을 소개한다. "어떤 것이 트리형이고 어떤 것이 리좀형인지 자신의 경험을 통해 말해보라"고 했을 때 자신에게 적용해서 생각할 수 있으면 제대로 개념을 구사하는 것이 된다.

이렇게 개념을 '구사'할 수 있는 감각이 중요하다.

이 책에서 소개하는 50가지 개념은 내가 대학생 때부터 구사해왔고 인생에 도움을 받았던 것들이다. 또 개념을 해설하는 데 있어서도 개념의 학문적인 배경과 함께 내가 그것을 어떻게 사용했는지 에피소드를 가미함으로써 흥미를 이끌어내고자 노력했다.

효율적으로 개념을 구사할 때 대상의 실체와 자신의 위치가 명확해진다. 그랬을 때 막연했던 불안이 해소되고 스트레스도 줄어든다.

개념의 구사는 스트레스 없는 삶을 위한 최고의 처방전이다

나는 대학에서 강의 일정을 짤 때 꼭 한 번은 '아이덴티티(identity)' 개념을 다룬다. 학기 초 학생들에게 자기소개를 시키면 스무 명 중 서너 명은 고등학교 때까지 야구부에서 운동을 했다고 말한다. 그러면 바로 그 자리에서 야구부를 했던 학생들끼리 가까워진다. '야구부'라는 서로의 아이덴티티가 확인되었기 때문이다. 그 밖에도 나는 '축구부'였다, '합창단'이었다 하면서 분위기가 고조된다. 방과 후 동아리 활동을 하지 않았던 학생도 '고 홈(go home)파였다' 하면서 같은 처지끼리 뭉친다.

'○○부 출신'은 자신이 인식하기 쉬운 아이덴티티가 된다. 아이덴티티라는 개념을 정확히 몰랐던 학생들이 방과 후 동아리 활동을 말하면서 자신이 했던 일을 명확히 하고 사람은 존재 증명을 하기 위해서 산다는 것을 깨닫는다. 그것으로 아이덴티티의 개념이 친근하게 다가온다. 수업이 끝날 무렵에는 개념에 대한 인식이 수업 전과 완전히 달라져 있다.

개념은 자신과 무관한 고상한 견해가 아니다. 언제나 자신을 돌아보게 하는 하나의 생각이다. 따라서 고대 철학의 개념이나 현대사상의 개념, 혹은 동양사상의 개념도 전부 구사하겠다고 마음먹는 것이 중요하다.

개념을 마음대로 다루고 사용하는 습관을 갖는다

이 책에서는 개념을 자기 것으로 구사할 수 있도록 각 개념의 서두에 '질문'을 준비했다. 이 질문이 자신에게 어떤 의미를 갖는지 관련성을 모색하며 읽다 보면 마지막에는 답변에 해당하는 '정리'가 나온다.

이는 야구로 말하면 토스 배팅과 같은 구성이다. 가볍게 공을 던질 테니 여러분은 그 공을 쳐서 연습하라는 말이다. '야생의 사고'라는 공을 토스하면 여러분이 그 공을 쳐보자. 공을 친다는 작업은 그 개념에 맞는 자신의 에피소드를 한 가지 떠올리는 것이다.

대학 수업에서는 네 명이 한 조가 되어 한 사람씩 자신의 아이덴티티라고 생각되는 것을 발표한다. 방과 후 동아리 활동을 도중에 그만두었을 때 무얼 해야 좋을지 맥이 빠졌다는 에피소드를 말하는 학생은 아이덴티티의 위기, 즉 '아이덴티티 크라이시스(identity crisis)'를 깨달은 것이 된다. 에피소드와 엮어서 말하는 것은 개념을 이해하는 가장 좋은 방법이다.

개념은 사물을 보는 시점, 세상을 보는 시점이다. 그 시점을 통해 여러 현상이 관련지어진다. 검도, 서예, 다도에는 '형식'이라는 것이 있다. 그 형식이라는 개념을 알면, 사실은 프레젠테이션에도 형식이 있다는 것을 알게 된다. 서로 다른 현상이 연결되면서 공통 관계가 보인다. 하나하나 겉으로 드러난 현상의 차이에 얽매이지 않고 넓은 시점으로 공통점을 보게 된다.

이것이 개념을 이해함으로써 얻는 장점 중 하나다.

위인이 만들어낸 개념을 큰 재산으로 활용한다

단순히 교양, 지식으로 아는 것에 그치지 않고, "나는 늘 변증법적 방식을 사용한다"고 말할 수 있을 정도가 되면 그 사람의 삶은 크게 달라진다.

'변증법'은 대화로 모순을 극복해 더 높은 차원의 결론을 이끌어내는 대화법이다. 한 가지 아이디어가 있을 때 그것을 억지로 밀고 나가기보다 그것과 대립되는 사고, 모순된 사고를 떠올리고 대립·모순을 하나의 형태로 통합한다. 이 같은 순서대로 생각할 수 있으면 변증법을 기술로 습득한 것이다.

대화를 할 때도 "아니, 그 형식은 이러하다", "브리콜라주나 임기응변으로 하면 안 될지 검토해보자" 하는 식으로 의식적으로 개념을 사용해서 말하는 습관을 가지면 그 개념을 자기 것으로 만들 수 있다.

고달프고 복잡해지는 이 세상을 살아가려면 '개념력'이 필요하다. 개념을 습득하면 사고력이 높아진다. 사고의 생산성이 향상되고 세상을 보는 관점이 바뀐다.

이 책에서 50가지 개념을 소개하는데 이 모두를 구사해야 하는 것은 아니다. 이 가운데 두세 가지, 자신에게 적합한 것, 활용할 수 있는 것을 골라 당장이라도 그 개념을 힘으로 바꾸는 실천을 해보자.

차
례

나를 너무 속박하고 있지 않은가?

파놉티콘

파놉티콘은 '모든 것을 본다'는 의미로, '최대 다수의 최대 행복'을 주장한 '공리주의' 창시자 제레미 벤담(Jeremy Bentham)이 소수의 감시자가 자신을 드러내지 않고 모든 수용자를 감시할 수 있는 형태의 감옥 건축 양식으로 제안한 말이다.

벤담이 구상한 감옥은 절묘하면서도 효율적으로 되어 있다. 중앙에 감시탑을 세우고 그 주위에 도넛 모양으로 둘러싸듯 감방을 배치한다. 이런 양식으로 건축하면 사각지대가 존재하지 않기에 감시탑에서 수감자 전원을 감시할 수 있다.

또 감시탑 내부를 어둡게 하고 감방을 밝게 하면 감시탑 내부는 보이지 않는다. 수감자는 누군가 지켜본다는 생각에 실제로 감시당하지 않을 때도 늘 감시당한다는 느낌을 받는다. 그렇게 되면 '전부를 보고 있을지 모른다'는 생각에 누구에게 강제당하지 않아도 스스로 규제에 복종하게 된다.

철학자 미셸 푸코(Michel Foucault)는 이러한 종속을 '자발적 복종'이라고 했다. 푸코는《감시와 처벌: 감옥의 탄생(Surveiller et Punir: Naissance de la Prison)》에서 벤담이 주장한 파놉티콘 시스템을 힌트 삼아 인간의 '주체성'이란 얼마나 나약한지를 언급한다.

주체·주제·주관을 의미하는 말을 영어로 '서브젝트(subject)'라고 한다. 프랑스어로는 '쉬제(sujet)'라고 하는데 이 말은 '주체'와 동시에 '복종'이라는 모순된 의미를 갖는다.

죄수를 예로 들면, 죄수 스스로 자신을 감시하고 관리하는 자에게 복종하는 일까지 일어난다. 주체성, 자주성, 자립성을 잃고 죄인이나 노예가 가진 정신구조에 지배당하게 되어버린다. 푸코는 이를 통해 '인간 주체성의 나약함'을 본 것이다.

푸코가《감시와 처벌》을 출판한 것이 1975년인데, 그 시절부터 현재에 이르기까지 파놉티콘적 경향은 더욱 강해졌다.

직장에서는 부하직원을 감시하는 상사의 눈이 번뜩이고, 학교에서는 교사가 학생을 감시하며, 교사 역시 학교의 감시를 받는다. 인터넷 사회에 접어들면서 상호 감시라 할 수 있는 상황은 일반화되었다. 감시당한다는 생각이 들 때 모두가 조금씩 위축된다. 그렇게 되면 사회의 모순에 의문을 갖지 않은 채 무조건 복종하려는 경향이 증대되고 상식과 규범에서 벗어난 사람이나 행동은 배제하게 된다.

현시대에는 회사, 학교, 가정 등 사회 다양한 곳에서 감시의 기준이 세분화되어 있다. '마이크로 파워'(권력의 독점 시대가 끝나고 인터넷에 기반한 정보와 디지털 네트워크 시대가 열리면서 개개인의 힘이 강해진 것)가 점점 침식당함으로써 주체성을 갖고 자유롭게 활동하는 것이 아니라 스스로 자기 규제를 하면서 고분고분해진다.

"흙장난을 하면 지저분해지니 안 돼", "철봉을 하면 다칠 수 있으니 위험해"라고 끊임없이 부모의 잔소리를 들으며 자라는 아이들은 어느 순간 아무런 반발 없이 자발적으로 그 말을 따르게 된다. 마음속에 감시의 시선이 생겨나 '감시 시선의 내면화'가 일어난다.

1950~1960년대 부모들은 먹고사는 데 바빠 자녀를 돌볼 여유가 없었다. 때문에 자녀도 부모에게 감시당한다고 의식하

는 일이 드물었다. 아이들은 위험한 장난을 하기도 했고 흙투성이가 되어 노는 것도 당연했다. 그러나 사회 시스템이 정비되고 부모, 지역, 학교 등 세부적 감시의 시선이 강해지자 아이들은 점차 고분고분해졌다. 그렇게 지나칠 정도로 자신을 규제하다 보면 도전 정신도 희박해진다.

나는 20년 넘게 대학에서 학생을 가르치고 있는데 예전과 비교하면 요즘 학생들은 감시 시선의 내면화가 심하다. 다들 지적 수준은 높지만 상당히 고분고분하다. 예의가 바르다는 건 분명 좋은 점이지만 때론 감시를 두려워하지 않는 야성미가 필요하다.

무의식적 복종에서 탈출하자

사람은 자발적으로 복종하는 존재다. 무언가를 하기 전에 필요 이상으로 겁을 내는 것은 아닌지, 지나치게 SNS에 빠져들어 서로를 감시하며 자유를 잃어버린 것은 아닌지 스스로에게 질문을 던져보자.

내 생각은 과연 합리적인가?

야생의 사고

'야생의 사고(Pansée Sauvage)'는 인류학자 클로드 레비스트로스 (Claude Lévi-Strauss)가 쓴 《야생의 사고》라는 책을 통해 알려진 개념이다.

레비스트로스는 아마존강 유역 원주민들의 생활이 상상 도 하지 못할 만큼 풍요로운 세계라는 사실을 알게 됨으로써 미개인의 '야생의 사고'를 서구 중심주의 관점에서 비합리적 이라고 평하는 것은 편견에 불과하다는 결론에 이르렀다.

야생의 사고의 반대말은 '문명의 사고'라고 할 수 있을 것이다. 문명의 사고는 기술자가 설계도를 토대로 계획적으로 짜맞추는 서구식 '과학적 사고법'이다. 설계도에 담은 구상과 이상에 맞춰 발걸음을 해나가면 저절로 그 사고의 속도가 빨라진다.

진보는 좋은 것이긴 해도 빈부격차를 초래하는 사회 모순을 낳을 수 있다. 이는 산업혁명 때 익히 경험한 것이다. 가장 대표적인 예로 원자력발전을 들 수 있다. 원자력의 경우, 일단 사고가 난 후에는 인간의 통제가 불가능해진다.

미개사회에서 생활하는 원주민은 문자가 없으니 사전에 정확한 설계를 하지 않고 필요에 따라 그 자리에 있는 것을 조합해서 처리한다. 문명의 사고와는 사뭇 대조적이다. 레비스트로스는 이를 '브리콜라주'라고 불렀다. 이는 '여러 가지 일에 손대기' 또는 '수리' 정도로 번역할 수 있는데 '주위에 있는 것을 모아 스스로 만들다', '스스로 물건을 수리하다', '고안하다'를 의미하는 프랑스어다.

자신들이 처한 환경에 대응해 필요에 따라 뭔가를 만들어내는 야생의 사고는, 근대적 가치관에서 보면 서양사회의 문명의 사고에 뒤떨어지는 것 같다. 하지만 레비스트로스는 문명의 사고가 가장 뛰어나거나 발전된 것이 아니며 야생의 사고에도 뛰어난 점이 많다고 주장한다.

요리에 비유하면, 메뉴를 정해 필요한 재료를 준비하고 조리법에 따라 요리를 하는 것이 문명의 사고라면, 미리 재료를 조달하지 않고 주변에 있는 것을 적절히 조합해 만드는 것이 브리콜라주, 즉 야생의 사고다. 이를 통해서도 갑작스런 손님의 방문에 대응할 만한 충분히 만족스러운 요리를 만들 수 있다. 레비스트로스는 그편이 훨씬 뛰어나다고 생각했다.

서양식 문명의 사고는 기본적으로, 만일을 위해 물건을 많이 만들어두자는 사고방식을 바탕으로 한다. 때문에 어쩔 수 없이 많은 물건을 만들어 필요 이상으로 많은 상품이 넘쳐난다. 이렇게 되면 대량생산, 과잉생산에 맞춰 대량소비하지 않을 때는 사회가 돌아가지 않는다. 예를 들면 필요해서 옷을 만드는 것이 아니라 직물을 대량생산할 수 있는 기계를 만들었기 때문에, 옷을 대량으로 소비해야 하는 모순이 생긴다.

예전의 인도와 영국의 관계가 그 전형적인 예다. 영국은 인도에서 원료인 면을 수입한 후 산업혁명으로 등장한 방직기로 면직물을 대량생산해 인도에 강매했다. 여기에 이의를 제기한 사람이 마하트마 간디(M. K. Gandhi)다.

인도의 기간산업이었던 면직물 생산은 영국 제품의 진출로 도태되었고 수공업자들은 일자리를 잃었다. 간디는 이에 반대하여 영국 제품 불매운동을 펼치며 원료는 물론이고 면직물도 자급자족하여 만들어냈다. 수작업 생산이라서 필요한 양만 소량 만들 수밖에 없었지만, 서양사회가 과잉생산한 것을 소비하는 것이 아니라 필요한 것을 필요한 만큼 만들자는 간디의 생각은 야생의 사고라고 할 수 있다. 여러분은 물레를 돌리는 간디의 사진을 본 적이 있을 것이다. 이는 문명의 사고에 항의하는 일종의 퍼포먼스라 할 수 있다.

우리는 계획을 세우고 그 계획에 따라 진행하는 문명의 사고, 과학적 사고가 이상적이라고 생각해왔지만, 20세기 이후 그런 생각이 많은 난점을 낳았음이 드러났다. 환경 파괴와 지구온난화, 핵무기가 그러하다. 문명의 열매라고 생각한 것이 사실은 문명을 파괴하는 무기가 될 수도 있는 것이다. 반면 야생의 사고는 필요할 때 필요한 것을 만들기에 잉여를 생산하지 않으며 환경에 주는 영향도 매우 적다.

예를 들면 대형 프로젝트를 구상하고 커다란 비전을 꿈꾸며 대형 쇼핑몰을 짓는다. 그런데 찾아오는 사람이 없다면? 그건 큰 건물을 짓는 것 자체가 사업의 목적이었기에 초래된 결과 아닐까? 브리콜라주의 사고방식으로 접근했으면 어땠을까. 큰 건물은 필요 없다. 건물이 필요할 때마다 빌리면 된다. 따라서 지금 있는 인원, 지금 조달할 수 있는 예산으로, 최소한 필요한 것만으로 브리콜라주를 할 수는 없는지 궁리했을 것이다. 그러한 야생의 사고를 습관화하는 것이 중요하다.

주변에 있는 것부터 살펴보자

문명의 사고가 항상 옳다는 생각을 버리자. 문명의 사고에서 야생의 사고로의 전환을 시도해보면 어떨까. 지금 주변에 있는 것을 조합해서 생각해보는 브리콜라주, 즉 야생의 사고를 습관화하자.

매사 뭉뚱그려 생각하는
사고에 빠져 있진 않은가?

오리엔탈리즘

할리우드 영화를 보면 일본인과 중국인, 한국인의 국적이 구분되지 않고 단순히 동양인으로 나온다. 이처럼 서양 영화에서 동양인에 대한 편견이 잔뜩 들어간 경우를 자주 볼 수 있다. 팔레스타인 출신 학자 에드워드 사이드(Edward Said)는 그렇게 서양인이 멋대로 만들어낸 '동양'(오리엔트)의 이미지를 '오리엔탈리즘(orientalism)'이라 부르며 비판했다.

사이드는 《오리엔탈리즘》이라는 책에서 서양사회가 비

(非)서양사회를 뭉뚱그려 동양이라 이름 붙이고, 근대화되지 않았다는 의미에서 '이그저틱(exotic)', 비논리적이라는 의미에서 '감정적', 이해 불능이라는 의미에서 '신비적'이라고 칭하는 등 표면적 이해에 머무는 데 이의를 제기했다.

오리엔탈리즘은, 세계를 논리적으로 인식하는 서양인이 전근대적 동양을 교육해야 한다는 사고가 그 바탕에 깔려 있다. 또한 이는 서양에 의한 식민지 지배를 정당화하는 근거가 되기도 한다.

에드워드 사이드는 '동양이 서양인의 정체성을 확립해주는 대상이며, 열등한 동양이 존재하기에 서양이 우월하다'는 서양인들의 생각을 비판했다. 또한, 서양인은 동양인이 열등하고 무능하고 게으르다고 생각하며, 자신들보다 두뇌나 신체 면에서 열등하다고 생각한다고 주장한다.

에드워드 사이드는 서양이 말하는 동양에는 수많은 다양한 문화가 존재하는데도 이를 한꺼번에 동양이란 단어에 포함시키는 것에 문제를 제기했다. 쇠퇴하고 비참한 동양을 식민지화함으로써 동양을 구출해냈다는 주장은 자신들의 식민지화를 정당화하기 위함이라는 것이다.

서양이 바라보는 동양에 대한 시각은 이제 동양까지 확산되었다.

예를 들면, 텔레비전 여행 프로그램에서 동양에서만 볼 수 있다면서 사계절의 아름다움을 강조하는 것을 본 적이 있다. 그런데 생각해보면 위도가 같으면 어느 지역, 어느 나라에도 사계절의 변화는 존재한다. 적도 바로 아래가 아닌 이상 대부분의 지역에서 사계절의 변화를 볼 수 있다. 영어로 된 시에도 봄에 대한 시가 있는가 하면 겨울을 노래한 시도 있다는 사실만 생각해보아도 쉽게 유추할 수 있는 일이다. 그렇게 생각하면 사계절의 아름다움이 동양의 특징이라는 말은 현실성이 떨어진다. 아마도 우리는 서양을 의식한 나머지 사계절이 우리에게는 있고 서양에는 없는 것이라고 생각해온 건 아닐까?

지금은 오리엔탈리즘을 극복하고 민족마다 자신들의 문화를 발산하는 시대가 되었다. 어쩌면 우리도 서양이 동양을 바라보는 것처럼, 우리 주변의 아시아나 저 멀리 있는 유럽을 뭉뚱그려 생각할지 모른다. 같은 아시아라 해도 엄연히 동아시아, 남아시아, 중앙아시아로 구분된다. 실제로 그 지역에 사는 사람들은 아시아라는 말로 뭉뚱그려지는 것을 싫어할지도 모른다. '뭉뚱그려 생각하는 사고', 이는 지극히 단순한 사고방식이다.

잘 모르는 사실이나 현상에 대해 멋대로 '꼬리표 붙이기'를 하고 이미지를 고착화하면 현실을 제대로 볼 수 없게 한다.

남성이 "여성은 연약해서……" 하고 경시하나 여성이 "남자가 배짱도 없다"고 비판하는 일도 기본적으로는 오리엔탈리즘과 같은 사고방식에서 나온다. 자신이 멋대로 생각한 꼬리표 붙이기를 멈추고 작은 차이를 중시하는 마음을 갖자. 이것이 바로 지성이다.

단순 사고에서 벗어나 사물의 본질에 다가가자

사람도, 민족도, 국가도 당사자가 아닌 이상 완벽하게 그 실체를 알 수는 없다. 그러나 모른다고 해서 멋대로 이미지를 만들어내는 일은 지성적이지 않다. 새로운 것을 알게 되더라도 아직 부족하다는 것을 자각해야 한다. 그런 겸손한 자세야말로 바로 앎의 본질이다.

고정관념에
얽매여 있지는 않은가?

노마드

'노마드(nomad)'는 '유목민'을 의미하는 말이다. 인류의 생활 유형은 '이동형(移動型)'과 '정주형(定住型)'으로 나뉘는데, 그 가운데 이동형 목축을 생업으로 하는 사람들을 유목민이라고 한다.

농경민족은 이동형보다 정주형을 선호하는 경향이 있다. 그들은 정해진 곳에 안주해 인생을 충실하게 사는 것이 최고 의 삶이라고 생각하기 때문이다. 그런데 한곳에 머물면서 사회나 조직을 이루어 살려고 하다 보면 소속된 사회와 조직에서의 역할에 얽매이고 타인의 평가에 좌우될 수밖에 없으며 이는 점차 개인을 옭아매기도 한다.

한 영역에 머무를 때 지식과 재산은 착실히 늘어나지만 그렇게 됨으로써 자신의 가치관만으로 해석하는 경향이 생기기 쉽고 사고가 굳어진다. 이와는 대조적으로 한 영역을 고집하지 않고 다양한 가치를 광범위하게 횡단하며 사는 '노마드적 삶'이 주목받고 있다. '노마드족'도 등장했는데, 이는 모바일 네트워크 환경의 발달을 계기로 사무실뿐만 아니라 다양한 장소로 이동하며 일하는 새로운 워크 스타일의 사람들을 가리킨다. 이들은 국가라는 틀에 얽매이지 않으며, 직장에 속해 있어도 부서에 얽매이지 않고 횡단적으로 일한다.

하지만 조직을 벗어나기만 하면 자유를 얻는다는 생각은 오산이다. 완전한 프리랜서가 됨으로써 오히려 일을 하는 데 어려움을 겪거나 일이 들어오지 않아 곤란한 경우도 있다. 때로는 조직에서 완전히 벗어나지 않은 채 노마드적으로 일하는 것이 현실적일 수 있다. 예를 들어 소속 부서에 얽매이지 않고 조직의 논리와는 다소 거리를 둔 시점에서 일하는 노마드적 구성원이 있다면 그 조직은 바람직한 방향으로 활성화될 수 있다.

실제로 그런 '유목'을 허용하는 회사가 늘고 있다. 그런 회사에서는 인터넷과 이메일, 메신저, SNS라는 도구로 집에서도 자유롭게 일하며, 업무 시간에 얽매이지 않고 일을 빨리 끝낸 사람은 먼저 퇴근한다. 목표만 달성하면 일하는 방식은 문제 삼지 않는 것이다. 회사에 도움이 되는 창조적 발상이 가능하고 그게 회사에 이익만 된다면, 사무실 책상이 아니라 카페에서 일해도 아무 문제가 되지 않는다. 이러한 조직은 회사에 정주해야 생산성이 오른다는 생각을 버리고, 몸을 움직여 자유로운 발상을 얻을 수 있다면 그편이 효율적임을 보여준다.

그렇다면 지식의 습득이라는 면에서도 유목민적 획득법이 있지 않을까? 앞으로 학문에서도 이과니 문과니 하는 틀에 얽매이지 않고 서로를 횡단하는 노마드적 방법이 필요하다. 서점에서 평소 별로 관심을 두지 않았던 코너에서 책을 골라보자. 이런 횡단적 독서는 고정된 가치관을 깨부수는 데 도움이 될 것이다.

영화 〈캡틴 판타스틱(Captain Fantastic)〉은 문명사회에 비판적인 아버지가 철저히 자기 방식으로 자식을 단련하는 스토리다. 그는 자식들에게 암벽등반을 권하고 우주와 문학 등과 관련된 다양한 책을 읽어보게 한 후 자녀들의 감상과 의견을 듣는다. 그렇게 해서 학교 교육보다 지적이고, 거칠지만 건강한 생존술을 익힌 사람으로 자라게 한다는 내용이 담긴 영화다. 이것도 노마드적 교육의 일종이라고 할 수 있다.

미래사회에서는 조직을 이탈하는 것이 아니라 노마드적 정신을 갖고 조직 안에서 횡단적으로 움직이는 균형감각이 더욱 필요해질 것이다.

자유로운 발상을 가지고 광범위하게 활동하자

노마드적 삶은 굴레와 차별, 배타성을 배제하는 행위로 이어진다. 이러한 발상에 따르면 사람과의 관계는 상하에 얽매이지 않고 더 자유롭고 너그러워져야 한다. 자유로운 발상으로 다양한 가치의 영역을 광범위하게 오가며 활동하는 것, 이는 서로 다양성을 인정하며 더 자유롭게 열린 사회를 살아가는 방법이다.

질서 정연한 것이 좋다는
편견을 갖고 있지는 않은가?

트리/리좀

철학자 질 들뢰즈(Gilles Deleuze)와 펠릭스 가타리(Félix Guattari)는 인간의 사고법에는 '트리(나뭇가지 모양)'와 '리좀(사전적 의미는 뿌리줄기로, 중심점이 없는 네트워크를 지칭한다)'라는 두 가지 개념이 있다고 했다.

트리는 서구사회를 지배해온 사고법이다. 이는 기본 원칙을 세우고 그것을 기준으로 생물의 계통수(系統樹)처럼 줄기에서 가지가 갈라져 전개되는 것을 말한다. 상하 관계와 지시 계통이 확실한 군대가 그 전형적인 예다. 들뢰즈는 이를 다양한 가치를 하나의 '체계', '질서'로 모순되지 않게 통일하는 한편, 그 질서 정연하게 정리된 체계와 질서에 포함되지 않는 것은 모두 배제하는 사고법이라고 비판적으로 말했다.

그들은 트리에 대항하는 사고법으로 리좀이라는 네트워크형 사고법을 주장했다. 리좀은 '땅속줄기', '뿌리줄기'를 의미하는 말이다. 고구마 뿌리를 생각해보자. 이것은 그물망처럼 이어지며 사방으로 퍼져나간다. 이처럼, 서로 다른 것을 체계화·질서화하는 것이 아니라 전체를 구성하는 각각의 부분을 자유롭게 횡단적으로 접속해나가는 네트워크형 사고법이 리좀이다.

군대에서는 트리형으로 사고하기 때문에 상부의 판단이 잘못되어도 명령에 따라 행동해야 한다. 들뢰즈와 가타리는 이처럼 기성 질서와 체계에 포함되어 자유를 잃어버리는 삶이 아닌 게릴라형 사고법의 가능성을 주장한다. 게릴라들은 군대처럼 조직이 없고, 각각의 상황에서 딱히 누가 상관이랄 것 없이 한 사람 한 사람의 민병이 스스로 판단해서 움직인다. 질서에 얽매이지 않고 때와 장소에 따라 자유롭게 접속하고 움직임으로써 새로운 가치와 발상이 생겨난다. 윗사람 말이면 무조건 고분고분 따르는 것이 아니라 개개인이 스스로 판단하고 확장시키며, 그것이 여러 사람과 연결된다. 이러한 방법은 창조적이면서 활력이 샘솟게 한다.

교육에도 두 가지 유형이 있다. 교사가 하는 말을 학생들이 그대로 공책에 필기하는 것은 트리형 수업 방식이다. 그룹형 대화가 기본이 되면, 한정된 정답에 얽매이지 않고 문제 해결 과정을 꾀하는 것은 리좀형 수업 방식이다. 양쪽 모두 장단점이 있다.

나는 온라인 상품평을 읽는 것을 좋아한다. 상품평은 평론가나 전문가의 견해, 감상이 아니라 평범한 일반인들의 의견이다. 아마추어 같지만 박식함을 뽐내는 사람도 있고, 저절로 고개가 끄덕여지는 설득력 있는 의견과 감상을 내놓는 사람도 있다. 각각의 의견에 대해 다른 고객이 의견을 말하기도 함으로써 리좀적 네트워크가 만들어진다.

텔레비전을 비롯한 매스컴에서 얻는 정보는 일방적이지만, 인터넷 공간에서는 정보가 좋든 나쁘든 양방향으로 확산된다. 특수한 관심이 있는 사람들이나 팬들끼리 그렇게 한곳에 모일 수 있다는 점을 생각하면 들뢰즈와 가타리가 주장한 리좀형 개념은 인터넷 세계에서 가장 잘 실현되고 있는 게 아닐까.

생활 속에서도 땅속뿌리로 이어지는 공간이 있는 편이 숨

쉬기 쉽다. 깨끗하게 잘 정돈된 건물은 밝고 쾌적하지만 미로처럼 어수선한 건물에는 리좀적 매력이 있다. 도시계획으로 미리 설계된 정돈된 느낌의 트리형 거리와 자연 발생적으로 이어진 '골목길' 공간은 그 맛이 다르다.

　복잡하게 뒤얽힌 골목길의 이미지는 리좀형 사고방식과 매치된다. 관리되지 않고 이어지는 땅속뿌리의 이미지를 떠올려보자. 현대는 그러한 '리좀형 발상'이 요구되는 시대다.

자유로운 네트워크로 항상 변화를 추구하자

반듯하게 정돈되어 있는 것이 좋다고 생각하는 경향이 있다. 하지만 너무 반듯하면 다양성이 축소된다. 접속하고 절단할 때마다 새로운 가치와 성질이 생겨나고 다양성이 만들어진다. 이처럼 구속 없이 마음대로 움직일 수 있는 네트워크 속에서는 변화와 창조가 가능해진다.

내가 산 물건은 정말 내가 산 걸까?

기호소비

유명 브랜드와 노브랜드 상품이 있다고 치자. 소재와 디자인이 모두 같고, 오히려 노브랜드 상품이 튼튼해서 오래 쓸 수 있어도 우리는 '브랜드'라는 정보(기호)를 더 중시하면서 유명 브랜드를 선택하는 소비 행동을 한다. 실제 사용 목적이나 기능보다 유명 브랜드냐 아니냐의 '차이가 가져오는 가치'에 주목하기 때문이다.

와인도 오래 숙성된 특정 연도의 것이라고 하면, 실제로는 그해의 포도 작황이 좋지 않아 품질이 떨어진 것인데도 역시 숙성되어 맛있다고 생각한다. 이처럼 진짜 가치를 알아채기보다는 단순히 다른 것과 다르다니까 그렇게 느끼는 경우가 적지 않다. 이는 비단 물건의 경우에 한정되지 않는다. 문화와 서비스에서도 기능이나 성능이 아니라 다른 것과의 차이에 대한 정보(기호)로 판단할 때가 많다.

현대 소비사회에서는 차이, 즉 차별화를 꾀하는 것은 당연한 상품 전략이 되었다. 본래 물건과 조금씩 차이가 나는 상품을 차례로 만들어내 소비욕(차이에 대한 욕망)을 부채질한다. 철학자 장 보드리야르(Jean Baudrillard)는《소비의 사회(La Sóciété de Consommation)》에서, 오늘날에는 단순히 소비되는 것, 즉 일정한 목적만을 위해 구입되고 이용되는 상품은 없다고 말한다. 당신 주위에 있는 물건은 무언가에 도움이 되기보다는 당신에게 봉사하기 위해 만들어졌다. 전자 제품, 의류, 자동차 같은 상품은 단순히 그 사용가치만으로 이용되는 것이 아니라 사회적 권위나 행복감이라는 타인과의 차이를 나타내는 '기호'로 소비된다. '이 같은 기호소비(記號消費)'는 물건에 한하지 않고 패션, 광고, 교양과 건강에 대한 강박관념, 폭력에까지 적용할 수 있다.

예전에 상품에 등급을 매기는 텔레비전 프로그램을 본 적이 있다. 연예인들이 나와서 A와 B 중 어느 쪽이 고급인지를 알아맞히는 프로그램이다. 그 프로그램을 보면서 평소 고급스런 식사를 많이 한다고 자랑하던 패널들도 몇백만 원 하는 와인과 만 원짜리 와인의 차이를 알아채지 못하는 것에 의아해했다. 패널들은 고급 국내산 소고기와 저렴한 외국산 소고기로 구운 스테이크도 구별하지 못했다. '차이'를 정보로 받아들여 스스로 고급 상품에 대해 잘 안다고 자부해온 사람들이라면 그 실체에 대해 의심해보아야 할 순간이다.

제조사에서는 소비욕을 부채질하기 위해 차이의 기호에 부가가치적 정보를 더할 때가 많다. 그 전형적 유형이 "유명 연예인이 이 물건을 사용한다"고 광고하는 경우다. 새로 출시된 화장품의 광고 모델인 연예인이 쉰 살이 넘어서도 여전히 아름다움을 유지하는 것은 그 상품을 사용했기 때문이 아니다. 그 연예인이 막 출시된 그 상품을 사용해왔을 리도 없다. 조금만 생각해보아도 알 수 있는 사실인데도 광고 효과가 있다면 그 상품을 사용하면 그 연예인처럼 아름다워질 수 있다는 착각 때문이다. 제조사에서는 유명인을 기호로 더해 소비를 부추길 것이다.

대인 관계도 기호소비와 관련지어 말할 수 있다. 결혼 대상자를 고를 때 연봉은 기호가 아니라 실질이 된다. 학력을 기호로 단정할 순 없지만 사람들은 이를 브랜드화하려는 경향이 있어서 명문대 출신이라고 하면 역시 다르다며 환상을 갖는다. 그러나 실제로 한 사람을 평가할 때 중요한 것은 그 대학에서 무엇을 공부했는가, 실제로 일을 할 때 실력이 있는가 하는 점이다.

우리는 차이(다름)를 즐기려고 한다. 사소한 것에도 차이를 만들고 차별화함으로써 부가가치를 찾으려고 한다. 그런 기호소비를 적당히 즐기는 것도 나쁘지 않다. 단, '이것은 기호소비다' 하는 의식을 갖는 것이 지성적 자세다.

진정한 가치와 기능에 초점을 맞추어 선택하자

기호라는 상품의 가치가 본래 사용가치와 생산가치 이상으로 효력을 갖는 '소비사회'에서 실용적 가치, 실제 가치에 눈을 돌릴 필요가 있다. 기호소비라는 점을 의식한다면 지나치게 기호에 조종당하는 일을 피할 수 있다.

차이와 다름에 대해
생각해본 적 있는가?

차이의 체계

대학생 때 철학자 마루야마 게이자부로(丸山圭三郎)의《소쉬르의 사상(ソシュールの思想)》을 읽고 '차이의 체계'라는 개념을 알았다. "의미는 차이에 의해 생겨난다. 우리는 언어라는 그물코를 통해 사물을 본다"는 사고방식은 매우 신선했다.

프랑스에서는 나방도, 나비도 '파피용(papillon)'이라고 부른다. 나방과 나비 사이에 우리가 생각하는 만큼 큰 차이를 부여하지 않기 때문이다. 내 고향 시즈오카에서는 10년에 한 번

눈이 올까 말까 하기에 '눈'이라는 단어 하나로 모든 눈을 표현한다. 그런데 눈이 많이 내리는 지역에서는 가루눈, 함박눈, 싸라기눈 등 눈을 다양한 말로 구별해 표현한다.

이처럼 A에는 A의 의미가 있고, B에는 B의 의미가 있어서 A와 B를 비교할 수 있는 것이 아니라 오히려 A와 B의 차이가 의미를 만들어낸다고 생각하고 언어를 '차이의 체계'로 설명한 사람이 언어학자 페르디낭 드 소쉬르(Ferdinand de Saussure)다.

소쉬르는 사람들이 각각의 언어를 구사하면서 어떤 차이를 구별할지, 어떤 차이를 무시할지 자의적으로 선택한다고 주장한다. 한 공동체에서 개와 너구리를 구별할 필요가 없으면 이것을 하나로 합치면 된다. 개와 너구리를 구별할 필요가 있는 공동체에서는 이를 다른 그룹으로 나눈다.

언어는 그물코와 같다. 그물코 하나하나가 언어라면, 개개의 그물코는 독자적으로 존재하는 것이 아니라 주위 그물코와 서로 당기고 당겨지는 장력(張力) 관계에 따라 결정된다. 그물을 짤 때 어떤 그물은 개와 너구리를 서로 다른 코로 하지만 또 다른 그물에서는 똑같은 하나의 코로 한다.

이처럼 언어는 그 말 하나로 성립되는 것이 아니다. 주변에 차이가 있는 말이 있어야 비로소 이 줄을 기준으로 이쪽은 이런 식으로, 다른 쪽은 다른 식으로 정할 수 있다. 예를 들어 '해질 녘'이라는 단어는 단독으로 존재하는 것이 아니다. 그 전후 시간대가 있기에 이 시간대를 해질 녘이라고 부르는 식으로 정해진다.

실체 하나하나에 의미가 있는 것이 아니라 그런 눈으로 보기 때문에 그런 차이가 있는 것처럼 보일 따름이다. 앞서 말한 눈의 예에서 볼 수 있듯이 눈의 다양한 차이를 인정하지 않는 나라와 지역도 있다.

우리는 양파와 파를 구분한다. 파의 경우에도 일반적 파가 있고 쪽파, 실파도 있다. 혹은 산지에 따라 다르게 구분하기도 한다. 그런데 영어권에서는 파와 양파를 구분하지 않고 모두 '어니언(onion)'이라고 부른다. 영어권에서는 파를 의미하는 그물코가 크기 때문이다.

치즈의 차이에 관해서는 반대다. 이전에는 우리에게 치즈란 모두 가공 치즈를 말했다. 유럽에서는 카망베르 치즈, 블루 치즈, 모차렐라 치즈 등 각각의 치즈에 이름을 붙여 차이의 체계를 만든다. 치즈의 그물코가 우리보다 훨씬 촘촘하다.

이전에는 와인도 대개 포도주라고 불렀고 적포도주와 백포도주를 구별하는 정도가 고작이었다. 그러나 유럽인은 산지로 세분화하고 연도에 따라서도 와인을 구별한다. 그 깊은 와인 그물코의 촘촘함을 우리로서는 이해하기가 어려울 정도다.

이렇게 보면 모국어란 무섭다는 생각이 든다. 무의식에까지 파고든 모국어는 우리가 생각하는 이상으로 언어의 지배를 받게 만들기 때문이다. 우리는 우리의 그물코를 통해 사물을 인식한다. 영어권에서 성장한 사람은 영어의 그물코로 세계를 본다. 힌두어를 사용하는 사람은 힌두어로 세계를 본다. 2017년 노벨문학상을 수상한 가즈오 이시구로(石黒一雄)는 부모가 일본인이지만 영어를 쓰며 자랐다. 이처럼 영어가 모국어인 사람이 일본어를 모르면 영어로 세계를 보게 된다.

"나는 우리말이라는 그물코로 사물을 본다"고 의식하는 것이 중요하다. '세계를 어떻게 나누는가(분절하는가)?'는 언어에 따라 달라진다. 그 관계를 파악하는 것이 외국어를 배우는 재미이기도 하다.

차이에 의미가 있음을 알고 시야를 넓혀보자

실체에 의미가 있는 것이 아니라 차이·다름이 의미를 만들어 낸다는 것을 알면 세계관이 바뀐다. 차이가 의미를 만들어낸다고 생각하면 실체 이상으로 관계에 주목하게 되고, 이에 따라 시야도 넓어진다.

고정적 사고의 틀에 빠져 있진 않은가?

패러다임

과학철학자 토마스 쿤(Thomas S. kuhn)의《과학혁명의 구조(The Structure of Scientific Revolution)》에서 '패러다임(paradigm)'이라는 개념을 처음 알게 되었을 때, 꽤 폼 나는 말이라고 생각했다. 패러다임은 '한 시대나 분야에서 사람들의 견해나 사고를 지배하는 이론적 틀이나 개념의 집합체'를 말한다.

그전까지의 패러다임이 전혀 다른 패러다임으로 이행하는 것을 '패러다임 시프트' 혹은 '패러다임 전환'이라고 한다.

예를 들어 사람들이 천동설을 믿는 시대에 지동설을 주장한 코페르니쿠스(N. Copernicus)는 천문학 세계에 패러다임 전환을 일으켰고 이로 인해 지구 중심의 우주관이 180도 바뀌었다. 바로 코페르니쿠스적 전환이다.

과학적 지식은 사실의 축적에 의해 연속적으로 변화하는 것이 아니라 극적으로, 그리고 비연속적으로 변화한다. 이는 사회와 경제에서도 마찬가지다. 어느 한 패러다임이 지배적일 때는 그 패러다임을 절대시하므로 그 패러다임이 올바른지, 잘못되었는지 보이지 않는다.

시대의 가치관은 그 시대에 지배적인 사고에 편승한다. 따라서 패러다임 전환, 가치관의 변화가 이미 진행 중이라면 그 전환을 알아채고 사고방식을 바꾸지 않으면 시대에 뒤처지게 된다.

아동문학 작가 니이미 난키치(新美南吉)의 작품 중에《할아버지의 램프(おじいさんのランプ)》가 있다. 전기가 공급되면서 사람들이 램프를 쓰지 않게 되자 "너희(램프) 시대는 끝났다", "세상은 발전했다. 전기시대가 되었다"며 주인공 할아버지가 자신이 팔던 램프를 하나하나 깨버린다는 이야기다. 할아버지는 "나라가 발전해 나의 낡은 장사가 쓸모없어지면 미련을 갖지 말고 버려야 한다. 언제까지나 시대에 뒤처진 장사에 매달려

장사가 잘되던 옛날이 좋았다며 발전한 세상을 원망하는, 그런 아둔한 짓은 절대 해선 안 된다"고 말한다.

'램프에서 전등으로'라는 패러다임 전환이 일어난 것이다. 이때 램프가 최고라며 이를 고집해봤자 부질없는 짓이다. 피처폰을 불편함 없이 쓰는 사람들이 있다 해도 스마트폰으로의 전환이라는 시대의 흐름을 막을 순 없다. 그러므로 시대에 뒤처지지 않도록 '스스로 결단을 내리는 것'도 패러다임 전환기에 가져야 할 마음가짐이다.

그전까지 지배적이던 패러다임에 모순이 많아지면 패러다임의 극적 전환이 일어난다. 비즈니스 세계에서도 패러다임 전환이라 할 수 있는 일은 빈번하게 일어난다. 워크맨(소니가 개발한 휴대용 카세트 플레이어)에는 카세트 테이프를 넣어서 듣는 기능밖에 없었는데 스마트폰이 등장하면서 음악 말고도 다양한 애플리케이션을 담을 수 있게 되었다. 큰 언론사 하나도 애플리케이션 하나가 되어버리기도 한다. 스마트폰은 산업구조에까지 영향을 주는 존재가 되었다. 이렇게 볼 때 스마트폰도 새로운 패러다임이라고 할 수 있다.

교육계 또한 선생님이 강의하고 다수의 학생들은 듣기만 하는 수업 방식에서 학생이 주체적으로 배우는 액티브 러닝(active learning)을 중시하는 흐름으로 가고 있다. OECD(경제협

력개발기구)가 실시하는 PISA(국제학업성취도평가)에서도 "실생활의 여러 장면에서 직면하는 과제에 지식과 기술을 얼마나 활용할 수 있는지 평가"하는 문제 해결형 학력을 측정한다. 이 또한 패러다임 전환이라고 할 수 있다. 자동차 업계에서도 패러다임 전환이 차례로 일어나 하이브리드에서 전기자동차로, 또 수소자동차로 발전하고 있다.

패러다임 전환으로 스스로를 바꾸자

우리는 패러다임의 지배를 받으며 생활한다. 먼저 '나는 어떤 패러다임에 편승해 사물을 보고, 생각하는지' 자문해볼 필요가 있다. 새로운 패러다임으로 전환하기 위한 최우선 과제는 먼저 자신의 태도를 바꾸는 것이다.

자신에게 유리한 것들로만
자기 주장을 만든 건 아닐까?

반증 가능성

명확한 증거와 데이터가 있는데도 자신의 잘못을 인정하지 않는 비열한 인간은 되지 말아야 한다. '반증가능성(falsifiability)' 은 깨끗하게 잘못을 인정하는 무사처럼 과학적 태도를 갖게 해주는 개념이다.

　한 이론을 주장했을 때 그와 반대되는 예를 제시하는 것을 '그것이 거짓이라는 것의 증명', 즉 '반증(反證)'이라고 한다. 과학은 객관성을 갖는다고 생각하기 쉽지만 사실 사전에 객관성을 갖는 과학이란 존재하지 않는다. 그것은 아직까지 반증되지 않은 가설에 불과하기 때문이다. 철학자 칼 포퍼(Karl R. Popper)는 "반증에 의한 검증이 이루어질 수 있음을 제시한 것이 과학이다"라고 말하기도 했다.

실험의 정밀도를 높여 다시 실험했을 때 예측한 이론과 차이가 생겼다면 과학은 '깨끗이' 그 결과를 받아들여야 한다. 가령 몇천 번의 실험으로 검증되었을지라도 실험의 정밀도가 향상됨으로써 반증되었다면 그 이론은 스스로 '한계'를 받아들여야 한다. 그것이 과학이다.

이와는 반대로, 가령 "세상 만물을 신이 창조했다"는 이론이 있다면 실험과 관찰로 그러한 주장이 거짓임을 증명하는 것은 불가능하다. 반증 불가능하기 때문에 이 이론은 과학이라고 할 수 없다.

나는 대학 시절 포퍼의 《과학적 발견의 논리(The Logic of Scientific Discovery)》를 읽고 그가 머리 좋은 사람이라고 생각했다.

마르크스주의는 과학적인 사회주의를 말하면서, 계급투쟁 과정을 거쳐 시민(부르주아)혁명에서 프롤레타리아혁명에 도달한다고 말한다. 자본주의와 사회주의 단계를 거쳐 공산주의에 이르는 것이다. 이것이 역사법칙이자 과학이라고 주장한다.

젊은 시절 마르크스주의에 심취했던 포퍼는 "미래는 민주

주의국가에서 공산주의국가가 된다", "인류의 역사에는 법칙이 있어서 미래에는 모든 국가가 공산주의 국가가 된다"는 주장에 "응?" 하고 고개를 갸웃거렸을 것이다. 전부 자신들 형편에 맞게 설명하고 반증을 허락하지 않는 것은 과학이라 할 수 없다고 생각했기 때문이다. 실제로 사회주의국가나 공산주의 국가가 된 나라들도 평등한 사회는 실현하지 못했다.

어떤 논리가 잘못되었다는 반증이 나왔을 때 수정하려는 사람은 과학적 태도를 갖춘 것이다. 반면 그것은 우연이다, 그것은 이러저러해서 잘못되지 않았다고 주장하는 사람에게는 아무리 반론을 펼쳐보았자 소용이 없다.

물론 애써 주장을 펼쳤는데 그것이 이러이러한 의미에서 잘못되었다는 말을 들으면 반발을 느끼고 실망하게 될 것이다. 자신의 말에 반증을 들이밀면 기분이 나쁜 게 인지상정이다. 하지만 반증이 이루어졌을 때는 '미안합니다' 하며 한계를 받아들이는 의연함을 가질 필요가 있다.

주변을 돌아보면 순순히 수정하는 의연한 태도를 갖지 못하는 사람들이 많다. 예를 들어 엄연히 부정적 자료가 나오고 자신의 방침이 명백히 잘못되었는데도 그 잘못을 인정하지 않는 직장 상사도 있다.

물리학자 유카와 히데키(湯川秀樹)는 스스로 자신의 가설을 깨부수는 것으로 유명하다. 매일 밤 여러 가설이 머리에 떠오르면 히데키는 다음 날 그 가설을 연구실에서 직접 검증하고 스스로 깨부수기를 반복했다. 자신의 가설에 자신이 반증하는 성실하고 과학적인 태도다. 그러나 이는 사실 매우 어려운 일이다. 자칫 자신의 가설에 유리한 조건만을 모으기 쉬운데 유카와 히데키는 가설과 반대되는 데이터를 대조해 가설을 깨부수는 작업을 매일 반복한 것이다.

인터넷상에서는 일방적으로 남을 헐뜯거나 비난하는 말을 쉽게 볼 수 있다. 앞뒤가 맞는 반론을 당했다면 무리하게 자설을 옹호하지 않는 것이 중요하다. 과학적 태도는 만일의 경우 스스로 목숨을 끊는 것을 두려워하지 않는 의연한 무사의 각오를 닮았다.

솔직히 수정하는 태도를 갖자

자기 주장에 대한 반증이 이루어지면 잘못을 인정하고 상대에 대한 재반론을 포함한 새로운 주장을 제시하는 것이 중요하다. 열린 자세로 솔직하게 수정하는 과학적 태도는 생산성 있는 논의를 가져다준다.

내 인생을 다른 사람에게
맡기고 있지는 않은가?

실존주의

우리는 스스로 시대나 국가를 선택해서 태어나지 않았다. 어떤 조건도, 유전자도 자신이 선택한 것은 아니다. 우리는 '이 세계에 던져진 존재'다. 철학자 하이데거(M. Heidegger)는 이를 '피투성(彼投性, Geworfenheit)'이라고 했다.

자신은 이러이러한 집안에서 태어나 이렇게 자랐기 때문에 자신의 타락은 전적으로 부모 탓이라고 주장하는 사람도 있다. 하지만 비슷한 가정환경에서 자랐어도 다르게 성장한 사람이 있다. 같은 환경에서 자랐다고 모두 동일하게 되는 것은 아니다. 자라는 과정에서 얼마든지 다른 선택을 할 수 있다.

실존주의에서는 인간이 어떤 본질(운명)에 지배받는 존재라고 단정하지 않는다. 인간은 스스로 자신의 운명을 받아들여 A라는 길, B라는 길, C라는 길이 있을 때 B를 선택한다. 그 길을 선택한 것은 자신이므로 그 선택에 책임을 갖자는 것이 '실존주의(existentialism)'적 태도다.

하이데거는 스스로 가야 할 길을 선택하고, 선택한 길로 자신을 나가게 하는 자세를, 자신을 자신의 미래에 내던진다고 해서 '기투(企投, Entwurf)'라고 했다. 인간은 시간적 존재다. 죽음까지의 제한된 시간 안에서 자신의 길을 가겠다고 결의(선구적 결의)함으로써 자신이 선택한 인생을 개척할 수 있다. 하이데거는 《존재와 시간(Sein und Zeit)》에서 그런 각오를 강조한다.

대학입시를 예로 들어보자. 대학에 갈까, 가지 말까. 진학한다면 어느 대학에 응시할까. 실패하면 재수를 할까, 2차 지망 대학에 갈까. 학생은 이런 상황에서 용기 있게 진로를 선택해야 한다.

1지망에서 떨어져 2지망 학교에 입학하게 되었다. 이것은 흔한 일이다. '운명' 더하기 '선택'을 받아들여 자신은 이곳에서 최선을 다하겠다는 각오를 한다. 그랬을 때 콤플렉스는 추진력이 된다.

자신이 어떤 인생을 살아야 할지 선택의 기로에 섰을 때 그 것을 받아들이지 못하는 사람은 시대 탓, 남 탓을 한다. 지금은 40대 중반인 단카이 주니어(1945년 종전 직후 태어난 베이비붐 세대 인 '단카이 세대'의 자녀들로 1970~1974년에 태어난 이른바 제2차 베이비 부머 세대)들이 대학생이었을 때는 한 학년에 200만 명 정도가 있었다. 지금의 100만 명과 비교하면 무척 많은 숫자다. 그래 서 1990년경에는 입시도, 취업도 힘들었다. 그러나 선택을 할 수밖에 없을 때 시대 탓을 하면 무책임한 삶이 된다. 그럴 때 필 요한 것이 부조리한 세계를 받아들이면서 선택하는 실존주의 적 태도다.

최근의 늦은 결혼이나 비혼화에는 운명을 받아들이는 데 대한 두려움이 근저에 깔려 있다. 그들은 결혼 후에도 지금 의 생활을 유지할 수 있을지 걱정한다. '비교적 쾌적한 이 생 활을 깨지 않고 유지해야만 안정된 미래를 그릴 수 있다, 결 혼하면 생활을 바꿔야 한다, 그런 선택을 해서 불확실한 미래 에 스스로를 내던지기보다는 현상 유지를 해야 안심할 수 있 다……'. 이러한 사고방식이 늦은 결혼이나 독신자 증가에 기 여한다.

예전에는 모두가 가난했기 때문에 그런 도전에 겁을 내지 않았다. 두 커플 모두 가난했으므로 결혼을 하고 생활이 힘들어도 크게 달라질 게 없었다. 그래서 결혼을 하고 자녀를 갖는 것을 당연시했다. 지금은 불확실한 요인에 몸을 맡기는 것을 두려워하며 '원금 손실은 사양하겠다'는 식이 되었다.

시점을 바꾸어 생각하면, 예전에는 결혼이 스스로의 실존적 선택이라기보다 관습과 사회적 압박에 의한 영향을 강하게 받았다고 할 수 있다. 1970년경 50세 남성의 미혼율은 1퍼센트 정도였다. 결혼 지상주의 사회에서 가해진 압력이 이러한 숫자를 만들어냈다. 그러나 최근 50년 동안에는 결혼하지 않는다는 선택지가 사회에서 인정받고 선택의 폭이 넓어졌기 때문에 실존적 결단이 필요하게 되었다.

"우리는 자유에 처단되었다"고 한 사르트르(J. P. Sartre)의 말에서 느낄 수 있듯이 선택의 자유 속에서 무엇을 최선으로 선택해야 할지 스스로 결정해야 한다.

자신의 선택에 책임지며 인생을 개척하자

이 일을 선택하길 잘했다, 개를 키우길 잘했다……. 이 같은 하나하나의 선택과 모험으로 흥미로운 미래가 생겨난다. 인간은 수많은 선택지에서 무언가를 선택하지 않으면 한 걸음도 앞으로 나갈 수 없는 존재다. 자신의 선택에 책임감을 가지고 스스로의 인생을 개척하겠다고 각오할 필요가 있다.

불합리함을 참고 견디는 것이
의미가 있을까?

부조리

'이 세상은 어차피 부조리하다'는 식으로 말할 때 '부조리 (l'absurde)'가 지적이고 폼 나는 말로 여겨지던 시절이 있었다. 여기서의 부조리란 '도리에 맞지 않는다'는 의미다.

돈이 많은 사람이 더 많은 돈을 벌려고 애쓰는 모습을 볼 때 부조리하다는 느낌이 든다. 가지지 못한 사람에게 돈이 돌아가기는커녕 현실 세계에서는 세계에서 가장 부유한 8명이 가장 가난한 36억 명분에 해당하는 자산을 소유한다는 국제

시민단체의 조사 결과가 있을 정도다.

지금이야 소련의 붕괴를 거쳐 마르크스주의의 인기가 내리막길을 걷게 되었지만 부유한 8명과 가난한 36억 명의 자산이 같다는, 누가 봐도 부조리한 현실을 보면 마르크스의 통찰력을 재평가하고 싶어진다. 자본이 자본을 낳고 끝없이 자본이 집중된다. 자본의 집중에 대해서는 마르크스의 예측대로 되어간다고 생각할 수 있을 정도다.

빈곤의 연쇄라는 현실도 매우 부조리하다. 경제적 여유가 있는 가정의 아이들은 엄청난 사교육비를 들여 명문대학에 들어가고, 그 후 좋은 회사에 취직하기도 쉽다. 학원비를 마련할 수 없는 저소득층 가정의 아이들은 시작점부터 인생에서 불리한 길을 걸을 수밖에 없다. 그러한 부조리를 없애는 사회를 만들자고 많은 사람들이 노력해왔음에도 상황은 좀처럼 바뀌지 않는다.

신자유주의가 득세하면서 이런 상황은 더욱 가속화되었다. 아무런 거리낌 없이 정리 해고가 이루어지고, 정규 노동자가 감소하는 대신 비정규직이 늘어나 중산층이 몰락하게 되었다. 점차 사회 격차가 심해지는 오늘날에는 1970년대보다 사회가 부조리하다는 느낌을 더욱 강하게 받는다.

알베르 카뮈(Albert Camus)는 《시시포스 신화(Le Mythe de

Sisyphe)》에서 시시포스를 '부조리의 영웅'으로 그린다. 시시포스는 신들의 분노를 사서 지옥 밑바닥의 바위를 산꼭대기로 밀어 올리는 벌을 받는데, 이 바위는 꼭대기에 도달하면 다시 아래로 굴러떨어지므로 시시포스는 영원토록 바위를 산꼭대기로 운반하는 일을 되풀이해야 했다.

똑같은 동작을 수없이 반복해도 결국 같은 결과에서 벗어날 수 없다. 카뮈는 여기서, 모두 언젠가 죽음을 맞고 모든 것이 물거품이 된다는 것을 알면서도 삶을 이어가는 인간의 모습을 시시포스에 빗대어 말한다. 운명을 받아들이는 것, 그것이야말로 오히려 영웅적 행위라는 의미에서 부조리의 영웅을 그려낸 것이다.

《죽음에 이르는 병(Sygdommen til Døeden)》으로 알려진 철학자 쇠렌 키르케고르(Søren Kierkegaard)와 《시시포스 신화》의 카뮈는 부조리라는 근원적 딜레마를 해결하는 방법에는 세 가지가 있다고 한다.

첫 번째는 '자살'인데, 키르케고르와 카뮈는 이 방법은 비현실적이라는 이유로 배제한다.

두 번째는 '맹신'이다. 부조리를 초월한, 실험적으로 존재가 증명되지 않는 것을 믿는 것이다. 그러기 위해서는 이성을 잃어야 할 필요가 있다.

마지막으로 세 번째가 '부조리를 받아들이는 삶'이다. 키르케고르는 부정했지만 카뮈는 이 방법을 추천했다.

자신이 하지 않은 실수를 떠맡아 뒤처리하라는 지시를 받고서는 왜 자신이 그 일을 해야 하느냐며 화가 나서 이성을 잃는 것은 한마디로 부조리에 먹혀버린 상태다. 그런 경우, 아무도 할 수 없다면 차라리 자신이 뒤처리를 하겠다고 스스로 나서면 부조리의 영웅이 된다.

학생일 때는 돈을 번다 해도 아르바이트를 하는 정도이므로 인간관계에 거리를 두면서 부조리를 피하는 것이 어느 정도 가능하다. 그러나 사회인이 되면 부조리를 거스를 수 없는 경우가 늘어난다. '이런 불합리한 일을 참느니 그만두겠다'고 생각하기 전에 '불합리한 일'에 대처하면서 부조리한 직장인 사회를 강하게 살아내는 방법을 고민하지 않는다면 끊임없이 이직의 길을 걸을 수밖에 없다.

부조리에 당당히 대처하는 영웅이 되자

악덕 기업의 법규 위반은 여기서 말하는 부조리가 아니다. 그 것은 위법이므로 논외 대상이다. 통상적 일의 범위 내에서라면 다소의 부조리는 당당히 맞서 극복하자. 불합리와 부조리

에 강해지는 것이야말로 일종의 성숙함이다. '부조리를 받아
들이는 담박함'과 '부조리를 극복하며 살아가는 배짱'은 사람
을 성장시키고 성숙시킨다.

내 멋대로 사물을 판단하지는 않는가?

간주관성

간주관성(間主觀性, Intersubjektivität)이란 '주관성과 주관성의 사이(공통)'라는 의미다.

주관은 한 사람 한 사람이 자신만 갖는 생각이라서 개인적인 것으로 여겨졌는데, 철학자 에드문트 후설(Edmund Husserl)은 많은 사람이 똑같이 생각하게 되면 '간주관적'이고 '공통 주관적'이 되면서 '객관성'에 가까워진다고 주장했다.

예를 들어 두 명의 친구가 서로에게 자신의 장래 희망과 미래에 대해 말한다. 이런 일이 반복되면 두 사람은 각자의 주관성을 인식하게 되고, 자신의 주관성과 상대의 주관성이 차츰 '두 사람이 공유하는 두 사람의 미래상'이라는 공유된 주관에 이르게 된다. 이것이 간주관성이다.

애당초 객관적 세계관이 있어서 우리들 한 사람 한 사람이 이를 주관적으로 인식하는 것이 아니다. 누구나 자기 멋대로 그린 주관적 세계관을 갖고 있고, 그 주관과 주관이 만나 뒤섞임으로써 공통된 생각이 형성된다. 주관 이전에 객관적 세계가 있다고 생각하지 않고, 서로의 주관이 부딪치는 가운데 거기서 공통되게 인식할 수 있는 객관적(간주간적) 세계를 모색하려는 것이 후설이 현상학에서 주장하는 생각이다.

현상학의 주장은 쉽게 말하면 '단정하기를 멈추자!'다. 현상학에서는 단정하기를 멈추는 것부터 시작하는 것을 '에포케(epoché)'라 한다. 에포케는 '괄호 안에 넣다', '판단을 보류하다', '판단을 정지하다'라는 의미다.

'사과는 빨갛다'라는 예단과 선입관(선입견)을 일단 주머니에 넣고 대상을 자세히 보자. 그러면 빨갛다고는 하지만 새빨간 색깔이 아니거나 원래 빨갛지 않은 사과도 있음을 알 수 있다.

최근 들어 사회가 흉흉해졌다고 하는데, 그 정보를 곧이곧대로 믿지 않고 경찰청 정보를 검색해보면 살인 사건 건수는 상당히 감소했음을 알 수 있다. 매스컴에서 흉악 범죄 중심으로 보도하기 때문에 사람들이 흉흉한 세상이 되었다고 생각하는 것이다.

이렇듯 판단에는 예단이 동반된다는 것을 인정한다. 그 후 자신의 편견을 일단 괄호 안에 넣은 다음 현상을 자세히 보고 예단에 근거한 자신의 판단을 반성하자는 것이 현상학의 사고 방식이다.

화가 클로드 모네(Claude Monet)는 인생 후반에는 수련만 그렸다. 수련만 그리는 게 뭐가 재미있을까 하고 생각할지도 모르지만 물의 상태와 빛의 가감에 따라서 끝없이 변화하는 수련의 꽃은 순식간에 극적으로 '모습'을 바꾼다. 그래서 평생을 그려도 질리지 않는다. 수련이라는 '사물'을 그리는 것이 아니라 그때그때 수련의 모습을 그리기 때문이다. 철학자 메를로 퐁티(M. Merleau-Ponty)는《지각의 현상학(Phénoménologie de la Perception)》에서 이와 같이 현상의 실체를 기술하는 것을 현상학적 방식이라고 말한다.

애니메이션 〈기동전사 건담(機動戰士ガンダム)〉의 감독으로 알려진 도미노 요시유키(富野由悠季)와 대담을 한 적이 있다. 그는 애니메이터가 되고 싶다는 많은 젊은이들이 애니메이션을 보고 애니메이터가 되고 싶다고 생각하기 때문에 현실성이 떨

어지는 그림을 그리게 된다고 말했다. 현실성과 신체감각이 필요한데 애니메이션만 보고 그리는 것은 바람직하지 않다는 맥락에서 나온 말이었다.

그 점에서 미야자키 하야오(宮崎駿)의 애니메이션은 대조적이다. 예를 들어 긴 스커트를 입은 여성이 앉아 있는 장면을 생각해보자. 어느 정도 기량이 있는 애니메이터라면 막연히 머릿속에서 상상한 대로 그려버린다. 그러나 스튜디오 지브리의 애니메이터는 여성에게 긴 스커트를 입히고 의자에 앉고 일어서기를 여러 번 반복하게 한 후 스커트 아랫단이 어떻게 뒤집히는지 관찰한 후에야 그 장면을 그린다고 한다. 미야자키 하야오의 애니메이션은 그런 식으로 만들어지기 때문에 애니메이션이지만 신체감각이 만들어낸 현실성 있는 표현이 가능하다. 막연하게 '이럴 것'이라는 편견으로 그리지 않기 때문에 현실성이 있다.

이와 반대되는 태도를 스테레오타입(stereotype: 고정관념)이라고 한다. 그러한 획일적인 견해와 표현을 뛰어넘는 것이 예술적 태도다.

사소한 것에도 선입관(선입견)은 들어 있다. 그 사실을 깨닫고 '아, 이것은 개인적 단정일 수 있다. 한 사람 한 사람, 하나하나를 잘 살펴보자' 하며 고쳐 생각하는 습관을 가질 때 에포케는 기술이 될 수 있다.

선입견은 일단 주머니에 넣어라

'생각하는 힘'은 선입견과 편견에서 벗어나게 해준다. '남자란……' 혹은 '여자란……' 하고 일반론으로 단정하면 생각이 깊어지지 않는다. '이것은 이러하다' 하고 생각해버리면 그 관념에서 쉽게 벗어날 수 없다. 새로운 발상과 아이디어를 만들어내려면 일반론은 일단 괄호 안에 넣어둔다. 단정하는 태도를 버려야 하는 것이다.

자기중심적으로 행동하진 않는가?

에스/자아/초자아

정신의학자 지그문트 프로이트(Sigmund Freud)는 인간 정신의 근본에는 에스(Es, Id)라는 무의식의 영역이 있다고 생각했다.

에스는 이성(異性)을 그리워해서 유발되는 힘 같은 것으로, 감정, 욕구, 충동처럼 무엇이 나쁜가는 일절 생각하지 않고 '이걸 하고 싶다', '엄마를 독점하고 싶다' 등등의 욕구를 그대로 드러내 충족시키려는, 한마디로 동물적 본능이다. 갓난아기는 에스만으로 행동한다고 한다.

그러나 동물적 본능을 있는 그대로 드러낸다면 제대로 사회생활을 할 수 없다. 그래서 사람은 독불장군이 되어 폭주하지 않도록 가족, 학교, 사회 등 외부와 접촉할 기회를 가져야 하며 이 과정에서 에스만으로는 살아갈 수 없다는 것을 배운다.

부모의 훈육과 가정교육은 행동의 바르고 그름, 규칙, 도덕관, 윤리관, 자기 규제를 익히게 하고 '이런 일을 하면 타인에게 피해를 주니까 해서는 안 돼' 하고 스스로 판단할 수 있게 만들어준다.

이처럼 '~을 하지 않으면 안 된다'고 자신을 통제하게 하는 것, 그것이 바로 '초자아(超自我, superego)'다. 그리고 에스의 이기적인 충동과 도덕적·사회적으로 억누르는 초자아의 힘이 서로 싸우는 영역에서 조종하는 것, 그것이 바로 '자아(自我, ego)'다.

프로이트는 인간의 정신은 에스와 초자아가 줄다리기를 하는 것 같은 상태라서 어느 한쪽이 세게 당겨 줄이 끊어지지 않도록 균형을 잡는 것이 자아라고 생각했다. 그러므로 에스와 초자아가 균형을 이루면 정신적으로 안정된 상태가 된다.

그런데 초자아가 강해서 '나는 ~해야 한다'는 의식만 있으면 자신감을 잃고 마음에 상처를 입거나 충동적으로 폭발할 우려가 있다. 반대로 초자아가 약해지면 욕망이 강해져서 자신을 통제할 수 없게 된다.

본능을 너무 억압하면 심신의 건강상태가 나빠지고, 자신을 풀어놓고 통제하지 않으면 이 역시 문제를 일으킨다. 지나치게 자기중심이 되면 범죄를 저지를 가능성이 높고 이렇게 하지 않으면 안 된다는 억압이 강해지면 활기찬 인생을 살 수 없게 된다.

이전에는 가장인 아버지의 말에는 절대적 권위가 있었다. 그 권위가 개인의 내면에 자리 잡아 잘못을 저지르면 아버지에게 혼난다는 의식을 심어주었고, 그 의식이 스스로를 통제했다.

그런데 이건 해야 한다, 저건 해선 안 된다 하고 부모의 지배를 받다 보면 성인이 되어서도 부모의 주술에서 벗어나기가 어려워진다.

이런 예는 지금 사회적 문제가 될 만큼 증가하고 있다. 그 이유는 무엇일까. 정신적 성숙이 뒤늦게 오는 바람에 (몸은 어른인데 완전한 어른이 되지 못하고) 부모 품을 벗어나지 못하는 사람들이 많기 때문이다. 자녀들이 진학이나 취업, 결혼 등으로 부모 품을 떠난 후에는 자연스레 부모와 거리를 둔다. 그러한 독립 없이 부모가 자녀를 계속 보살피거나 같이 살면 부모의 영향이 지나치게 침투해서 자녀는 부모에게 꼼짝할 수 없게 된다.

부모의 강력한 영향으로 자녀의 인생은 부모 말대로 흘러 가고 부모의 꼭두각시처럼 움직이다가 인생이 끝나버리는 경우를 현실에서 왕왕 볼 수 있다.

부모와 자식 사이가 친구 같아서 부모가 자녀에게 전혀 잔소리를 하지 않는 가정도 있다. 이런 가정에서는 부모가 벽처럼 버티고 가로막는 일이 드물다. 프로이트가 말하는 초자아의 역할에서 부모가 도망쳐버리는 경우다. '~하지 마라', '~해야 한다' 하는 압력을 가하지 않고 자유롭게 풀어주면 그 후 스스로 자기 관리가 가능해져 활력 넘치는 어른이 된다는, 일종의 성선설(性善說)에 의거해 자녀를 키우는 가정도 있다.

하지만 본능적 욕망에 초자아가 적당히 제한을 가하면 자아가 안정될 것이므로 자유롭게 풀어주기만 하면 잘 자랄 거라고 막연하게 생각하는 것은 위험하다.

다음 항에서 언급하겠지만 프로이트는 '쾌락원칙(Lustprin-zip)'에서 '현실원칙(Realitätsprinzip)'으로 이행하는 것이 성숙이라고 생각했다.

자신에게 쾌감을 주는 것에만 둘러싸여 사는 것은 유치한 삶이다. 현실을 받아들이고 현실의 과제에 대처하는 것만이 성숙한 삶이라고 할 수 있다.

현실에서 눈을 돌려 자신을 속이려 하지 말자

여리고, 쉽게 흥분하고, 자기 관리가 되지 않는 등 성숙하지 못한 모습을 자주 보이는 건 바람직하지 않다. 주로 타인과 사회에 '시달린' 경험이 적은 사람들에게 이런 경향이 나타난다. 이들은 한평생 기분 좋은 일만 하면서 살아왔다. 이들도 자신을 속이지 말고 현실을 받아들여야 성숙해질 수 있다.

욕망이 이끄는 대로
살고 있진 않은가?

쾌락원칙/현실원칙

전항에서 언급한 '쾌락원칙에서 현실원칙으로'라는 성숙의
단계를 이번 항에서 좀 더 자세히 알아보자.

유아(幼兒)의 세계는 기본적으로 '좋다/싫다'로 성립된다.
기분 좋고 편안한 것을 원하며, 욕구가 충족되지 않으면 떼를
쓰거나 울음을 터뜨린다. 프로이트는 이를 쾌락원칙이라 불
렀다.

아무튼 쾌락원칙에서는 욕구 충족을 추구하지만 세상에서

는 기분 좋고 편한 것만 좇는 것이 통용되지 않는다. 때론 원하는 전부를 손에 넣을 수 없으니 참아야 하며, 현실에 적응하는 방법을 파악하고 그것을 기억해둘 필요가 있다. 그때 쾌락원칙을 밀고나가려 고집하면 현실에 적응하는 방법이 왜곡된다.

보통은 쾌락원칙에 따라 움직였던 아이들도 성인이 되어 사회적 자아가 형성되면서 현실감각을 가지고 사물을 보게 된다. 프로이트는 이를 현실원칙이라고 했다. 현실을 인식해 행동하는 것, 즉 쾌락원칙에서 현실원칙으로 이행하는 것이 성장과 성숙으로 이어진다. 쾌락원칙으로만 움직였던 생활에서 현실원칙에 따른 삶으로의 이행, 이는 어른이 되어가는 것을 말한다.

사회생활을 하려면 현실에 적응해야만 한다. 현실원칙으로 이행하지 못하고 계속 쾌락원칙만으로 살려고 한다는 것은 자신의 방자함을 드러내는 것과 다름이 없고, 이렇게 살다 보면 여러 가지 면에서 어려움에 직면하게 될 것이다.

또한 사회인이 되면 쾌락원칙에서 현실원칙으로 이행해야 한다. 학생일 때는 방과 후 동아리 활동도 마음대로 선택할 수 있고 어느 정도는 자기 시간을 자유롭게 쓸 수 있지만 직장인이 되고 나면 자신이 하고 싶은 일만 하거나 욕망에 따라 행동하는 것이 불가능해진다. 어떻게 생각하고 행동할지를 현실에 맞추어 하다 보니 고충이 따르지 않을 수 없다.

직장 생활이 너무 힘들다고 느껴지는 순간과 맞닥뜨릴 때는 쾌락원칙으로만 살다가 현실원칙을 따르는 어른이 되려는 것이니 당연히 힘들 거라고 이해하자. 물론 자신을 지나치게 억압하고 회사에 맞추기만 하는 것은 힘든 일이다. 하지만 내가 하고 싶은 일을 회사에서 실현하기란 쉽지 않다. 그럴 때 회사는 자기실현을 하는 쾌락원칙의 조직이 아니라 현실원칙의 장소이므로 어쩔 수 없다고 이해하면 마음이 편해진다.

현대사회는 소비자(서비스를 받는 측)의 쾌락원칙을 충족시키도록 되어 있다. 주문 후 하루 이틀이면 배달되는 인터넷 쇼핑, 손쉽게 먹을 수 있는 패스트푸드, 24시간 문을 여는 편의점……, 쾌락원칙에 부응하기 위한 시스템이 곳곳에 갖춰진 것이 현대사회다. 그래서 '원하면 빚을 져서라도 손에 넣는다', '마음에 들지 않으면 입을 닫는다', '불쾌하면 곧바로 화를 낸다' 하는 쾌락원칙에 따라 사는 사람이 늘어난다. 그러다 보니 서비스를 제공하는 쪽은 그만큼 힘들어진다. 사회 안에서 서비스를 제공하는 측과 서비스를 받는 측의 격차가 점점 벌어지고 있다.

서비스의 진화로 모두 과도한 서비스를 요구하게 된 현대에서는 서비스를 제공하는 측이 기능이 망가지지 않도록 시스템을 정비할 필요가 있다.

개인의 성장이라는 관점에서 말하면, 쾌락원칙에서 현실원칙으로 이행할 때 '~하고 싶다', '~이 갖고 싶다' 하는 '욕망'과 '~해야 한다', '~해선 안 된다' 하는 '억제' 사이에 갈등이 일어나고 이를 극복하는 것으로 성장과 성숙을 이룰 수 있다. 늘 서비스를 받기만 하겠다고 고집한다면 유치한 쾌락원칙에서 벗어날 수 없다.

갖고 싶은 것이 있으니 당장 손에 넣고 싶다는 쾌락원칙과 달리, 그렇게 하려면 돈이나 협상이 필요하니 우선 그것을 해결한 후에 충족시키자고 생각하는 것이 현실원칙이다. 어느 쪽으로든 치우쳐 균형을 잃으면 자신과 주위에 악영향을 미친다.

쾌락원칙이 강하면 주위를 생각하지 않는 제멋대로인 사람이 되고, 현실원칙이 강하면 자신을 억압해 스트레스를 받기 쉬운 사람이 된다. 이렇게 상반된 쾌락원칙과 현실원칙은 갈등을 유발하는데 이 둘의 균형을 조화롭게 유지하는 사람이야말로 '건전한 사람'이다.

도망치지 말고 현실에 당당히 맞서라

인간은 쾌락을 원하고 불쾌함을 피하려는 쾌락원칙을 선천적이고 본능적인 욕구로 갖고 있다. 그러나 현실사회에서 살아가려면 현실에 순응하는 자세를 가져야 한다. 현실과 마주해 불쾌하게 느껴지는 상황일지라도 순응하려고 노력함으로써 사람은 한 걸음 내디딜 수 있고 마침내 더욱더 큰 쾌감을 얻게 된다.

어느 한쪽으로 기울어지지 않을
자신이 있는가?

중용(中庸)은 고대 그리스 철학자 아리스토텔레스(Aristoteles)의
《니코마코스 윤리학(Ethika Nikomacheia)》에 나오는 말이다. 아
리스토텔레스는 인간이 행복하게 살려면 윤리적인 덕(德)을
익혀야 한다고 주장한다. 또한 윤리적인 덕을 쌓기 위해서는
지혜·지식·사고·기술을 습득하는 것만으로는 불충분하고
"중용을 취하는 습관을 갖는 것"이 중요하다고 말한다.

인간은 쾌락을 얻으려고 나쁜 행위를 할 때도 있고, 고통을 피하려고 선한 행위를 멀리할 때도 있다. 쾌락과 고통에 잘 대처하는 사람은 선한 사람이, 제대로 대처하지 못하는 사람은 나쁜 사람이 될 것이다. 이것은 무조건 쾌락을 피하라는 의미가 아니다. 쾌락을 삼가지 않는 사람이 방탕한 사람이 되는 것과 마찬가지로 쾌락을 피하는 사람은 무감각한 사람이 되어버릴 위험성이 있다. 아리스토텔레스는 과하거나 부족함을 피해 중용을 취하도록 행동함으로써 비로소 절제와 용감함이라는 덕을 유지할 수 있다고 주장한다.

예를 들어 용기에 대해 생각해보자. 어떤 일을 할 때 깊이 생각하지 않고 막무가내로 밀고 나가면 무모한 행동이 되어버리고, 두려워만 하면 겁쟁이가 된다. 이때 미숙한 사람은 어쩔 수 없이 어느 한쪽으로 기울어지는데 그 중간이 적절한 용기라고 할 수 있다. 이것이 중용이라 할 수 있는 '적당한 상태'다.

극단으로 흐르는 경우와 그렇지 않은 경우를 가늠해보고 대략 이 정도면 좋다 하는 중용을 선택하고, 그러한 사고 습관을 갖도록 애써야 한다. 비하와 으스댐 어느 한쪽으로 기울어지지 않고 그것들의 중용인 성실함을 습득해야 한다. 추종과 무뚝뚝함 어느 한쪽으로 치우치지 않고 그것들의 중용인 호의(好意)를 익혀야 한다. 그렇게 할 수만 있다면 지금보다 훨씬 쾌적한 삶이 펼쳐질 것이다.

고대 그리스어 메소테스(Mesotēs)를 중용이라고 옮긴 것은, 유교를 창시한 공자가 "중용은 사람이 행해야 할 가장 높은 가치를 지닌 도덕이지만, 이 덕을 지닌 사람이 드물게 된 지 이미 오래다(中庸之爲德也 其至矣乎 民鮮久矣)"라고 하며, 과하거나 부족함이 없는 중용의 태도를 유지할 것을 강조한 데서 시작되었다.

《논어(論語)》에서는 정치, 학문, 인간의 욕망, 매일의 생활 등 여러 방면에 걸쳐 논하는데 그 배경에 있는 일관적 가치관이 중용이다. 중용은 "과하거나 부족함 없이 극단으로 흐르지 않는" 균형이다. "옛것을 익히고 그것을 통해 새것을 안다(溫故知新)"는 그 대표적인 예로, 인간관계에서도 "적당한 거리감이 중요"하다고 쓰여 있다.

영어에서는 중용을 '골든 민(golden mean)'이라고 한다. 과도한 자신감은 실패를 맛보게 하기 쉽다. 자신감이 전혀 없는 것도 문제다. 그렇다면 그 중간쯤에 '황금 같은 중심'이 있다는 의미다.

중용을 취하는 습관을 가지려면 우선 양극단을 체험하고 거기서부터 중용을 추구하는 방식도 좋다. '양극단을 알고 난 후 중용에 이르는 것'이다.

예를 들어 팸플릿을 인쇄하며 색깔을 결정할 때 일부러 극단적인 두 색을 배합해본다. 너무 극단적이라 적당하지 않은 색에서 조금씩 배색을 바꿔가면 알맞은 색깔을 찾을 수 있다. 혹은 글자 크기를 결정할 때는 작은 글자와 큰 글자를 모두 시도해본다. 양쪽 다 어울리지 않지만 정답이 있을 거라고 믿고 크기를 조정해나가다 보면 '이거다' 하는 적당한 크기를 찾을 수 있다.

매사를 정확히 해야만 하는 꼼꼼한 사람, 대강 하기는 해도 과감히 일을 진행하는 사람이 있다면 이 양극단의 중간을 모색함으로써 중용을 찾아낼 수 있다.

사회라는 단위에서 중용을 생각할 수도 있다. 독재정치와 중우정치(衆愚政治: 다수의 어리석은 민중이 이끄는 정치를 이르는 말로, 민주주의의 단점을 부각시킨 것)의 중용이 되는 정치 스타일을 생각해볼 수도 있을 것이다.

자신도 알지 못하는 사이에 생각이 한쪽으로 치우치는 경향이 있으므로 반대편에서 생각해보는 사고 습관을 갖는 것이 좋다. 이런 습관은 비즈니스에서도 매우 유용하다. 예를 들어 눈앞의 '단기' 업무에만 집중하는 것은 아닌지 돌아봄으로써 '장기' 업무에 눈을 돌릴 수 있다.

어떤 사람들은 맹목적인 자기 긍정력을 에너지로 삼는다. 반면에 정확히 자신을 객관화하는 눈을 무기로 삼는 사람도

있다. 이 두 가지 힘을 적절히 '합력(合力)'으로 활용하는 방법
도 있는데 합력 역시 중용이다.

반대편에서 생각해보는 습관을 갖는다

사실 반대편에서 생각하는 습관이 저절로 자리 잡기는 어려우
므로 여러 사람의 의견을 폭넓게 듣고 흑백으로 판단하지 않
는다는 원칙을 세우는 것만으로도 실수를 막을 수 있다. 세상
은 스펙트럼(연속)으로 이루어지므로 흑백이 아니라 그레이
(gray)로 판단하는 것이 정답이다. 개인의 경우에도 극단적인
자기 부정이나 자기 긍정이 아니라 '현실을 응시한 자기 긍정'
이라는 중용에 이르는 것이 중요하다.

눈으로 보고 귀로 듣는 것만이
본질이라고 생각하진 않는가?

이데아

철학자 플라톤(Plato)은 진리를 추구하는 과정에서 '이데아 (idea)'라는 개념을 제안했다. 이데아는 본디 사물의 '모습'과 '모양'을 의미하는 것으로, 플라톤은 이데아를 눈에는 보이지 않지만 영혼의 눈, 마음의 눈으로 볼 수 있는 '사물의 참모습', '사물의 본질'이라고 했다.

예를 들어 사람들에게 삼각형을 그려보라고 하면 각자 머릿속에 생각한 삼각형을 그린다. 어느 하나 똑같은 게 없어도 직선 세 개로 그려진 닫힌 도형이 삼각형임을 알 수 있고 각양각색의 그것들이 삼각형이 틀림없다고 생각할 수 있다. 즉 삼각형이라는 개념(=이데아)을 알기 때문에 삼각형이라고 인식할 수 있는 그림을 그리는 것이 가능해진다.

혹은 조금 찌그러진 원을 보는 경험만으로도 완전한 원을 그릴 수 있다. 우리는 이데아계를 본 적은 없지만 머릿속에는 완전한 원이 있다. 그러나 막상 그려보면 완전한 원을 그리기가 어렵다.

우리 머릿속에는 삼각형과 원의 이데아가 존재한다. 이것은 도형에 한정되지 않고 '궁극의 이상적 아름다움', '궁극의 이상적 선(善)', '궁극의 이상적 정의'도 존재한다는 의미가 된다. 이렇게 생각하면, 이 세상에서 일어나는 모든 현상은 전부 이데아가 만들어낸 그림자를 보는 것에 불과하며, 실재(實在)를 초월한 곳에 영원불변의 진정한 실재가 있다고 플라톤은 생각했다.

플라톤은 '동굴의 비유'를 이용해 이를 설명했다. 인간은 동굴 깊숙한 곳에서 동굴 안쪽 벽만 보도록 목이 고정된 채 묶여 있는 죄인과 같고, 인간들 뒤로 동굴 입구에는 모닥불이 피워져 있다. 무언가가 불 앞을 지나가면 그것의 그림자가 동굴 벽에 드러난다. 동굴 안쪽 벽만 보고 있는 인간의 눈에 들어오는 것은 벽에 비친 그림자뿐이기에 인간은 실재를 볼 수 없다.

동굴 안에 있으면 실재, 즉 이데아계를 알 수가 없다. 그러므로 동굴에서 나올 필요가 있다. 그리고 이성의 작용으로 사물의 진짜 모습과 본질을 알기 위해 노력해야 한다.

그런데 많은 사람들이 현실 세계에 얽매이지 않고 궁극의 세계를 추구한다는 것이 이데아론의 흥미로운 점이다. 예를 들어 미(美)의 세계에서도 많은 화가들이 미의 이데아를 추구하고 각자가 미의 이데아적 세계에 도달하려고 노력한다.

우리는 〈밀로의 비너스(Vénus de Milo)〉를 보며 전체 비율에서 아름다움을 느끼는데, 이것도 고대 그리스인이 미에 대한 공통의 생각을 갖고 있었고 이를 조각으로 구현했기 때문이다.

폴 세잔(Paul Cézanne)의 그림 〈생트 빅투아르 산(Mont Sainte-Victoire)〉에서는 산이 갖는 압도적 존재감이 전해지고, 클로드 모네가 빛을 표현한 그림에서는 빛의 세계야말로 그의 이데아가 분명할 거라는 느낌을 받는다. 오귀스트 르누아르(Auguste Renoir)에게는 여성의 빛나는 피부가 이데아였을 것이다.

단, 플라톤의 이데아론은 훗날 철학자들에게 비판을 받는다. 플라톤의 제자 아리스토텔레스는 사물의 본질은 이상 세계에 있는 것이 아니라 현실 세계에 있다고 주장했다. 산치오

라파엘로(Sanzio Raffaello)의 명화 〈아테네 학당(School of Atene)〉
에서는, 손가락으로 하늘을 가리키는 플라톤과 달리 아리스토
텔레스는 손바닥을 땅으로 향하고 있다.

니체(F. W. Nietzsche)는 천상계라는 가치를 인정함으로써 인
간의 가치를 빼앗긴다고 판단했다. 신처럼 가치 있는 존재는
인간계가 아닌 곳에 있다는 사고방식은 인간을 비굴하게 만든
다며 지상의 인간에게서 그 가치를 되찾으려 한 것이 니체다.

이데아를 개념으로 사용하면 편리하다. 예를 들어 인간답
게 살자고 말할 때, 인간답다는 것이 무엇인지 이데아로서 모
두 이해할 수 있기때문에 이미지화가 가능해진다. 성실하게
살자, 진심을 갖자고 말할 때도 최상의 진심 같은 것은 이미지
화할 수 있으니 그 의미에 대한 이해가 가능해진다.

사물을 보는 눈을 키우자

아름다움과 정의와 선(善)을 이상으로 삼고 그것을 향해 걸어
가는 것은 절대 나쁜 일이 아니다. 훌륭한 그림과 음악 같은 예
술을 접하고 이를 통해 이데아적 아름다움의 세계를 맛본다는
건 즐거운 일이다. 또, 이데아론을 생각하는 것은 사물을 보는
눈을 키우고 이상을 추구하는 자세를 갖는 것이다.

목표를 너무 낮게 잡고 있지는 않은가?

이념형

사회학자 막스 베버는 "어떻게 하면 사회를 인식할 수 있을까?" 하는 관점에서 '이념형(理念型, Idealtypus)'이라는 사고방식을 주장했다. 현실에는 100퍼센트 순수한 것이 없지만 가령 순도 100퍼센트의 이념형을 설정해두면 그것과의 거리를 통해 현실을 측정할 수 있지 않을까 하는 생각에서다.

역사나 사회구조 그대로는 너무 복잡하고, 다양한 요소가 뒤얽혀 본질을 파악하기 어려우니 "이념형을 생각함으로써 현실을 보기 쉽게 하자"고 주장한 것이다.

자연현상은 실험으로 실증할 수 있는 측면이 있지만 사회현상은 실험을 통해 인식하기가 어렵다. 실험이 불가능하다면 정점(定點)을 만들어 거기서부터 거리를 측정하자는 발상을 한 것이다. 이념형이라는 정점을 만들고 그곳에서부터 설명을 해보면 실제로 어떻게 되는지가 보인다.

빛의 삼원색(빨강, 파랑, 초록)을 정점으로 생각하면 알기 쉽다. 삼원색의 배합을 통해 현실의 다양한 색을 인식할 수 있다. 똑같은 보라색이어도 이 보라는 빨강 50, 파랑 50인데, 빨강 70에 파랑 30인 보라색도 있다는 식으로 설명할 수 있다.

베버는 이런 생각을 사회현상에 적용해, 가령 완전한 이념형이 있을 때, 완전한 이념형을 정점으로 해서 그 현상은 어느 정도가 되는지를 짐작해보려는 시도를 한 것이다.

'지배'를 예로 들어보자. 지배란 간단히 말해 '사람을 부리는 것'인데, 베버는 지배자가 하는 명령의 정당성의 근거가 무엇인지에 따라 지배를 세 가지 순수형(이념형)으로 나눴다. ① 전통적 지배=전통적 권위에 의해 지배하는 유형, ② 합법적 지배(합리적 지배)=법률적 근거를 토대로 지배하는 유형, ③ 카리스마적 지배=초인적 매력과 힘이 있다고 생각하게 함으로써 지배하는 유형.

예를 들어 히틀러의 지배를 생각했을 때 ① 게르만족(아리아 인종)의 우위성이라는 전통적 생각에서, ② 법 개정으로 법적 정통성을 갖고 의회를 지배(장악)함으로써, ③ 카리스마적 인기를 만들어냈다고 추측하면 이해하기 쉽다.

히틀러의 지배는 '③이 50퍼센트를 넘지 않을까' 하는 식으로, 세 가지 이념형이 얼마의 비율로 섞여 있는지 생각하면 그 지배구조가 보인다. 알기 어려운 것을 순도 높은 유형(이념형)으로 생각해보자는 것이 베버의 개념이다.

이렇게 나누어 생각하는 '분절화(分節化)'를 일상적 사고에 활용하는 것이 중요하다. 비즈니스 세계에서는 고객의 성격, 행동 패턴의 유형화를 토대로 제안을 하는 방법을 생각해볼 수 있다. 고객 한 사람 한 사람의 성격과 행동 패턴을 파악하는 것은 중요하지만 쉽지 않은 일이다. 그래서 돈이 있는 신중파, 돈이 있는 승부파, 돈이 없는 신중파 등 A, B, C 세 가지 타입으로 나눠보면, 이 고객은 완전한 A 타입이 아닐지 모르지만 세 가지 타입 가운데 A 타입에 가깝다는 식으로 생각해본다. 그러면 모호하던 고객의 실체가 다소 보이게 되어 더 좋은 제안을 하는 것이 가능해진다.

축구로 말하면, 메시(L. Messi)의 드리블을 신기에 가까운 순도 100퍼센트 이상형으로 설정한다. 그렇게 설정한 후에는 도전할 목표가 명확해진다. 회사로 말하면, 이념이 막연한 상태에서는 전략도, 전술도 보이지 않는다. 사회 공헌과 직원 행복의 양립이 회사의 이념이라면 이 지점에서 보았을 때 현재 무엇이 부족하고, 무엇을 해야 할지 파악할 수 있을 것이다.

이념형의 설정으로 현실 파악이 쉬워진다

이념형·이상형은 세상을 파악하기 위한 편리한 개념이다. 모호하고 확실하지 않은 것을 파악할 때는 일단 임시로 이념형을 만들어보자. 막연했을 때에는 보이지 않던 현실이 눈에 들어오고, 나아갈 방향성을 찾을 수 있다.

나를 부정하고 있진 않은가?

초인

니체는 '인간을 넘어서는 존재'로 '초인(Übermensch: 위버멘시)'
이라는 개념을 주장했다. 니체의 영향을 받은 버나드 쇼(G.
Bernard Shaw)가 《인간과 초인(Man and Superman)》이라는 희곡을
썼을 때 초인을 '슈퍼맨(superman)'이라 옮겼고 그것이 알려져
서 '초인=슈퍼맨'이 되었다. 하지만 니체가 말하는 초인은 보
통 사람과 다른 능력을 가진 슈퍼맨의 이미지와는 다르다. 니
체가 말하는 초인은 "인간적 하찮음을 극복하기 위해 배우고

노력하는 사람"이다.

니체는 신은 죽었다며 기독교를 비판했다. 본래 인간의 가치인 것, 가령 '선', '용기', '아름다움'도 전부 신이 가졌다면 인간은 하찮고 쓸모없는 존재에 불과해진다. 신의 세계, 천상의 세계가 특별하고 아름답다면 인간이 초라해진다. 그러나 지상에 사는 우리 모두가 초라한 존재는 아닐 것이다. 인간에게는 '높은 경지가 있지 않을까' 하고 생각한 니체는 모든 것을 신이라는 존재에게 내맡기는 삶을 비판했다. 인간이란 존재에 자신감을 갖기 어려운 상황을 타개하고 인간의 손으로 직접 그 가치를 되찾자고 주장했다.

인간은 질투심이 강해서 타인이 성공하는 모습을 보면 쉽게 자신에게 실망하고 절망한다. 원망과 원한(ressentiment: 르상티망)을 품게 된다. 인간인 이상 어쩔 수 없다며 안이하게 자신의 나약함을 인정하거나 신에게 의지할 것이 아니라 자신의 힘으로 조금씩이라도 그 절망을 극복해나가야 한다. 니체는 인간에게는 그러한 정신성이 정실하게 필요하다고 생각했다.

"뭔가 엄청난 존재가 있으니 거기에 비하면 자신은 아무것도 아니다"라고 비하하는, 겸허함의 가면을 쓴 오만함을 버리고 "자신의 가치는 스스로 만든다"고 자주적으로 각오하는 것이 니체의 '초인적 태도'였다.

자신의 가치를 인정하고 목표를 이루는 사람이야말로 초인적 삶을 사는 사람이다. 어차피 나는 이런 인간이라며 포기하거나 권력에 순종하면 성장은 멈춰버린다. 쉰 살만 넘게 살아도 "세상은 본래 이런 거야" 하고 멈추어버리는 사람이 있는가 하면 "아니야, 지금부터가 시작이다. 새로운 일을 하자, 새로운 취미를 찾자" 하며 제2의 인생을 시작하는 사람도 있다.

니체는 '낙타—사자—어린아이'로 이어지는 '정신발달의 3단계'를 말했다. '낙타'는 의무를 등에 진 자, '사자'는 '~해야 한다'를 부정하고 자유를 획득하는 자, '어린아이'는 놀이처럼 살면서 새로운 가치를 만들어내는 창조적인 자를 상징한다. 어떻게 해서 사람이 초인을 자각하는지(인간적이 되는 것을 극복하는지)를 비유한 것이다.

낙타의 시기에는 현재의 상황이라는 의무를 지고, 사자의 시기에는 자립을 하며, 어린아이의 시기에는 곡해와 원망에서 해방되어 새로운 가치를 만들어낸다. 이처럼 니체는 인생을 놀이처럼 즐기는 것이 가치를 만들어낸다고 생각했다.

니체는 "살아 있는 것은 전부 힘에의 의지로 넘쳐 있다"고 보았다. 식물에게도 삶에 대한 의지가 있다. 콘크리트 틈 사이로 싹을 피워 성장하는 식물의 모습을 보면 힘에의 의지를 느낄 수 있다. 그렇다면 하나의 인간으로서 더욱 살아갈 의지, 삶에 대한 의지를 불러일으켜 밝게 살아야 하지 않을까 하는 생각에 니체는 사로잡힌다.

니체는 '영원회귀(永遠回歸: 영겁회귀)'를 받아들일 수 있는 존재를 초인이라 불렀다. 하나의 반지를 살펴보면 다이아몬드가 붙어 빛나는 부분도, 녹이 슬어 지저분한 부분도 있다. 인생도 이와 마찬가지여서 반짝반짝 빛이날 때도 있고 녹슨 것처럼 최악의 시기도 있다. 좋은 일도 있고 그렇지 않은 일도 있게 마련인 인생이니 부정적 일만 의식하며 살아갈 필요는 없다. 좋지 않은 것까지 합해 "자신의 인생을 전부 긍정하자"는 것이 니체의 주장이다.

자신의 가치를 긍정하려고 노력하자

인생에서는 매번 똑같은 일이 반복된다. 벅차고 힘들어도 받아들일 수밖에 없다. 인생을 자유롭고 힘 있게 살아가는 것은, 아무리 좋지 않은 일이더라도 자신의 인생 전부를 긍정하고 '그래, 다시 한 번'이라고 생각할 수 있느냐, 없느냐에 달려 있다.

머리로만 생각해서
행동이 늦진 않는가?

신체지

영화〈용쟁호투(龍爭虎鬪)〉의 주인공 이소룡의 팬이라면 "생각하지 말고 느껴!(Don't think, Feel!)"라는 그의 대사를 들어본 적 있을 것이다. 그것은 "달을 가리키는 손가락과 같다. 손가락에 정신을 집중하면 천국의 영광을 볼 수 없다"는 대사로 이어진다. 내지른 손가락만 의식하면 그 끝에 있는 빛나는 달의 존재를 깨달을 수 없다는 의미다.

비단 격투기만의 이야기가 아니다. 스포츠에서는 상대가

공격할 때 머리로 생각하고 피하면 늦다. 상대가 빈틈을 보이는 것은 순간이므로 머리로 생각하고 기술을 쓰는 건 효과적 공격이 될 수 없다. 스포츠에서는 생각을 하느라 실패하는 경우가 흔하다.

'생각하지 마라'는 것은 생각에 빠지면 행동이 느려지고, 그것이 치명상이 되기 때문이다. 느끼면 곧바로 움직여서 느낌과 움직임 사이에 틈이 없도록 하라는 말이다.

하버드대 출신의 테니스 코치인 티모시 골웨이(Timothy Gallway)는 《이너게임(Inner Game)》에서 '이너게임(마음속 승부)'에 이기는 것이 아우터게임(실제 승부)에 이기기 위한 지름길이라고 했다. 머리로 생각하는 자신을 조용하게 만들어야 한다. 생각하는 자신은 '지금 이렇게 했으니 안 된 거야', '이렇게 해야 했는데……' 하고 계속 불평함으로써 실패를 지속시키므로, 우선은 '내면의 싸움'에서 이기라는 의미다.

몸의 소리를 들으라. 니체도 신체는 커다란 이성이라고 말한 바 있다. 신체는 이런저런 많은 것을 알고 있기에 신체가 하는 말을 들으면 된다. 신체가 가르쳐주는 것, 그것이 바로 신체지(身體知)다.

신체지는 '머리의 지식'보다 크다. 그러므로 신체가 더 먹지 말라고 하면 먹는 것도 멈추어야 한다. 이 사람과는 사귀지 말라고 신체가 말하는데도 고학력자다, 연봉이 높다 하고 머리로 조건을 판단하고 결혼하는 경우가 있다. 신체감각적으로 맞지 않으면 궁합도 좋지 않을 확률이 높다. 그러니 이런 결혼은 이혼으로 이어지기 쉽다.

메를로 퐁티는《지각의 현상학》에서 신체지의 중요성을 지적했다. 그는 인간의 몸을 정신이 아니라는 이유로 물질 취급해서는 안 되며, 우리는 이 세상에 몸으로서 살고 있다고 말했다. 몸으로 이 세계를 이해해야 하고, 따라서 인간의 몸에는 귀중한 가치가 있다는 것이다.

예를 들어 테니스 선수는 라켓을 쥐는 순간 라켓과 하나가된다. 요리사는 칼을 잡는 순간 칼이 편안하게 손에 들어오는 느낌을 받는다. 이들은 다른 사람이 자신의 라켓이나 칼을 사용하면 거부감을 느끼기도 한다. 사용하는 도구와 함께 신체지가 만들어지며, 신체감각이 도구와 하나가 되기 때문이다.

이처럼 신체지는 매우 큰 영향을 주므로 신체지를 잘 활용하는 것은 매우 중요한 일이다. 신체지를 활용할 수 있는 사람은 감각을 중시하므로 직관도 발휘하게 된다. 그렇게 직관을 발휘하면 세계를 정확히 볼 수 있게 된다.

우리네 인생은 직관을 통해 운명의 갈림길이 결정되는 측면이 있다. 맞는 말을 하는데도 왠지 표정이 마음에 들지 않고,

뭔가 개운하게 느껴지는 사람이 있는가 하면, 저자세로 다가오는데도 어딘지 모르게 위화감이 느껴지는 사람도 있다. 나는 실제로 이런 일을 겪은 적이 있다. 한껏 자세를 낮추어 내게 다가오는 사람이 있었는데 알고 보니 허세가 대단한 사람이었다. 이런 사람과 접할 때면 감각적으로 위화감이 느껴지고 신체의 '위화감 센서'가 발동한다.

신체지를 갈고닦으려면 평소에 자신의 감각이 무엇을 좋아하는지 알아두면 효과적이다. 예를 들어 음악은 생각하기보다는 느끼는 것이므로 신체감각, 신체지를 여는 스위치가 되어준다.

무라카미 하루키(村上春樹)의 소설《기사단장 죽이기(騎士團長殺し)》에는 슈베르트의 현악 4중주에 대한 장면이 나온다. 나는 20년 넘게 이 음악에 푹 빠져 있다. 몇 번을 들어도 무언가 '아, 온다!' 하는 느낌이 들고 음악이 내 신체감각과 일치함을 느낀다. 들을 때마다 내 감각과 세포가 일깨워지는 듯하다.

현시대에는 상품명과 캐치프레이즈를 정하고, 상품 캐릭터를 만들기 위해 아이디어를 내는 일에 감각이 필요하다. 단순히 물건이 좋아서 팔리는 시대는 지났다. 그럴 때 "생각하지 말고 느껴!"라고 말하는 신체지, 신체감각을 동원하면 좋은 아이디어를 얻을 수 있다.

판단을 내리지 못할 땐 신체의 소리를 듣자

'성공할 거야'라고 머리로 생각해도 마음이 확고하지 못하면
행동할 수 없다. 이것저것 생각을 많이 하면 행동이 늦어져서
기회를 놓치고 만다. 판단이 어려울 땐 신체의 소리를 들어보
자. 그렇게 했을 때 직관의 작용으로 세계를 정확히 볼 수 있다.

중요한 상황에서 긴장해
실수하지는 않는가?

자연체

입사 면접을 볼 때 긴장한 나머지 질문에 제대로 대답하지 못한 채 사전에 준비한 것만 간신히 말했다면 불합격할 가능성이 높다. 이와 같은 반응을 보이는 것이 '경직된 신체'라면 그자리에서 갑작스레 나온 어떤 질문에도 순발력 있게 대답할수 있는 것이 '자연체(自然體)'다.

자연체는 긴장하지 않으면서도 각성한 상태인 몸과 마음을 말한다. 이 같은 자연체는 신체의 중심이 되고, 마음과 정신의 방향성에 의존하지 않는 여유 있는 자세를 만들어낸다.

이런 자세를 취하면 자신의 중심은 무너뜨리지 않으면서 주위 상황에 유연하고 재치 있게 대응할 수 있다. 이러한 자연체는 '자연체로 임한다'고 할 때의 자연체와는 다른, '기술로서의 자연체'를 말한다. 보통 있는 그대로 자연스러운 것이 자연체라고 생각하는 경향이 있는데 검도에서는 훈련으로 만들어지는 특별한 상태를 자연체로 본다. 긴장되는 상황과 맞닥뜨릴 때 긴장이 되는 건 당연한 일이다. 그러나 자연체가 되면 긴장된 상황에서도 몸 전체가 유연하고 자연스럽게 움직인다.

자연체를 만드는 포인트는, 상반신은 긴장을 풀고 하반신은 충실한 상태인 '상허하실(上虛下實)'이다. 이처럼 상반신의 긴장이 풀린 상태에서는 쓸데없이 힘이 들어가지 않는다.

나는 봄여름이면 시즌 고교 야구 전 경기를 시청한다. 그런데 텔레비전 중계 화면만 봐도 이 투수는 밀어내기 포볼을 던지겠구나' 하는 것을 대번에 알아맞힌다. 딱 봐도 자연체가 아니라는 것을 단숨에 알 수 있기 때문이다. 스포츠처럼 몸을 움직이는 상황에서는 자력으로 애를 쓰려 하면 '힘'이 들어가서 오히려 생각대로 몸이 움직이지 않는다.

일단 숨을 크게 내쉬고 몸의 긴장을 푼 다음 '맡긴다'는 마음가짐을 가지면 자연스럽게 몸이 움직인다. 힘을 내려면 불

필요한 힘을 빼야 할 필요가 있다.

사람들은 대체로 자연체를 연습한 적이 없다. 자연체라는 기술을 사람들이 습득하지 못한 것은 이러한 심신의 자세를 자전거를 타듯이 기술로 인지하지 못했기 때문이다. 자연체는 연습을 통해 습득할 수 있다. 예를 들어 테니스를 할 때 "빠른 공이 온다"는 말을 들으면 공이 더 빨라 보인다. 나는 호흡을 느리게 함으로써 빠른 공도 느리게 날아오는 것처럼 볼 수 있도록 훈련했다.

예능 프로그램에서 연예인들이 순간순간 재치 있게 입담을 과시하는 걸 본다. 그럴 때마다 내가 저 자리에 있으면 저렇게 재빨리 대답할 수 있을까 생각해본다. 내공 있는 연예인들은 고수라고 할 만큼 재치 있고 빠른 반응을 내놓는다. 갑작스런 질문을 받으면 당황스러워 자신도 모르게 숨을 죽이고 긴장하게 될 텐데 그들에겐 '후' 하고 숨을 내쉬면서 긴장을 푸는 요령이 몸에 배어 있다. 숨을 내쉬어 힘을 뺌으로써 재빨리 심신을 움직이는 것이다.

압박이 가해지는 순간과 상황을 자연체를 만들 절호의 연습 기회라고 긍정적으로 생각하자. 자신에게 벅찬 상황이야말로 호흡을 편히 함으로써 자연체를 만들 수 있는 상태다. 요즘은 상황에 재빨리 반응하는 것이 필요할 때가 많다. 그럴 때

'즉시 반응'을 위해 '후' 하고 숨을 내쉬고 어깨뼈 주변의 힘을
뺀 후 어깨를 돌려주면 압박감에서 해방될 수 있다.

불필요한 힘을 빼고 순간적 변화에
대응할 수 있는 자세를 만든다

보통, 머리만 집중해서 쓰는 경향이 있는데 목 윗부분에 에너
지가 집중되면 하반신의 힘이 빠져 위아래가 뒤바뀐 부자연스
러운 균형 상태가 되기 쉽다. 이래서는 신체의 자연스러운 가
능성을 이끌어내기 어렵다. 순간적으로 바뀌는 상황 변화에
유연하게 대응할 수 있는 '반응하는 신체'는 커뮤니케이션력
의 기초가 된다.

상대의 호흡에 무관심하진 않은가?

호흡

스무 살에 시작해 벌써 30년 넘게 '호흡'을 연구해왔다. '호흡을 맞추다'라는 말도 있듯이 상대방과 잘 통할지, 좋은 인간관계를 맺을 수 있을지는 호흡력으로 결정된다는 것이 나의 생각이다. 마음 맞는 친구와는 '척하면 척'이어서 거침없이 대화할 수 있다. 틀림없이 '호흡이 맞다'는 증거다.

옛날에는 호흡을 안다는 것은 사물의 요점과 시기를 아는 것을 말했다. '호흡이 맞지 않는 사람', 즉 타이밍이 절묘하게 어긋나는 사람과의 인간관계에서는 매 순간 호흡을 의식하지 않을 수 없다.

재즈의 거장 마일스 데이비스의 자서전《마일스 데이비스 (Miles D. Davis)》를 보면, 트럼펫 연주자 마일스 데이비스는 알 토 색소폰 연주자 찰리 파커(Charlie Parker)와 공연하면서 연주 실력을 향상시켰다고 한다. 데이비스는 천재적 즉흥 연주를 하는 찰리 파커를 따라가야 했고, 즉흥 연주에 즉시 박자를 맞 추려면 파커의 호흡을 느낄 필요가 있었다. 탁구나 테니스 복 식경기를 할 때도 호흡이 잘 맞아야 좋은 복식조가 될 수 있다.

인간관계를 떡 치기에 비유한다면 절굿공이를 치는 손과 떡을 뒤집는 손은 '헛', '헛' 하고 호흡을 맞추어야 한다. 조금이 라도 호흡의 타이밍이 어긋나면 다치기 쉽고, 부상을 입히고 부상을 당하는 관계가 되어 '상호 이해'가 완성될 수 없다. 반 대로 '호흡이 맞으면' 일체감이 생긴다. 줄다리기를 잘하는 팀 은 '하나둘' 하고 장단이 잘 맞아서 소리를 내지 않아도 항상 서로의 호흡을 느낀다.

감정은 자연스레 몸에 실리는 것이라서 마음이 평온할 때 는 호흡도 완만해진다. 기분이 들떠 있을 때는 호흡도 경쾌해 지지만 기분이 가라앉으면 호흡도 얕고 약해진다. 그러니 호 흡에 주의를 기울임으로써 상대방 마음을 헤아릴 수 있다. 언뜻 보기엔 화난 듯한 기색이 없는 상대방이 호흡이 거칠거나 호흡을 억누르는 모습을 보이면 '폭발 직전'임을 눈치채야 한다. 이에 적절히 대응하면 원만한 인간관계를 유지할 수 있다.

호흡을 맞추는 방법을 아는 사람에겐 남들도 호감을 느낀다. 반면 인간관계에 서툰 사람은 상대의 호흡에 무관심하다. 예능 프로를 시청하다 보면 사사건건 진행자가 말하는 순간과 겹쳐 곤란을 겪는 연예인이 있다. 그 원인은 진행자의 호흡을 예측하지 못하는 데 있다. 진행자는 반드시 숨을 들이쉬고 나서 말을하므로 숨을 들이쉰 순간을 놓치지 않으면, 지금 말을 꺼내겠구나 하고 예측함으로써 자신의 말과 겹치지 않게 할 수 있다. 검도를 할 때는 상대가 숨을 들이쉴 때 빈틈이 생기므로 그때 공격을 해야 한다. 그래서 검도 할 때는 자신이 호흡하는 것을 상대가 눈치채지 못하도록 조심하라고 시킨다.

나는 호흡하는 힘을 훈련하기 위해 지하철을 타고 출발해서 다음 역에 도착할 때까지 조금씩 길게 숨을 내쉬는 훈련을 한 적이 있다. 다음 역에 가까워질수록 숨이 막혀 죽을 것 같은 상태가 되는 게 당연하다. 극단적 훈련으로 고등학생 때는 수업 중에 시계를 보면서 1분 동안 참은 후 숨을 내쉬는 훈련을 한 적도 있다. 그다음은 1분 30초로 시간을 늘린다. 지금도 교수모임 등에 가면서 '후' 하고 길게 숨을 내쉬는 훈련을 한다.

호흡력의 배양은 어떻게 하면 길게 숨을 내쉴 수 있느냐에 달렸다. 호흡이 깊은 사람은 호흡이 얕은 사람에게 맞춰줄 수 있지만 호흡이 얕은 사람은 군데군데 집중력이 끊어져 자신의 페이스를 유지할 수 없기 때문에 상대에게 맞추기 어렵다. '후' 하고 길게 숨을 내쉬는 훈련을 해두면 호흡량이 늘어 상대의 호흡에 맞출 여유가 생긴다.

초등학생을 가르치면서, 집중력이 있는 학생은 숨을 길게 내쉴 수 있다는 사실을 알게 되었다. 반대로 산만한 학생들은 천천히 '후' 하고 내쉬려 해도 쉽게 정신이 흐트러지고 무너지는 경향을 보였다.

가령 주위 사람이 모두 불안해하는 상황일 때 호흡을 잘 정돈하면 '침착함을 잃지 않는군', '뭔가 좋은 방법을 생각하는 듯한데' 하는 인상을 주어 자연스럽게 주위가 진정될 수 있다. 나는 강의나 강연회에서 이야기의 흐름이 막히거나 너무 조용한 분위기가 되었을 때 호흡을 바꾸고 목소리 톤을 살짝 높여서 말한다. 분위기와 흐름을 바꾸려면 스스로의 호흡을 먼저 바꾸어줄 필요가 있다.

호흡을 잘 맞추는 사람에게 호감을 느낀다

'호흡이 잘 맞는군' 하고 일체감을 느끼게 됨으로써 다른 사람과 이어져 있다는 행복감을 맛볼 수 있다. 같이 있을 때 피곤하지 않고 나까지 차분해진다면 자연스럽게 호흡이 맞는 사람이다. 호흡을 잘 맞추는 사람에게는 많은 사람들이 호감을 느낀다. 호흡 조절로 리더십을 발휘하는 것도 가능하다. 이때 상대의 한마디 한마디에 과민하게 반응해서 '싫은 소리 들었다'고 우울해지지 않도록 대범한 마음을 가질 필요가 있다.

형식대로 하는 것을 바람직하지
않다고 생각하는가?

세상 모든 것에는 형식(型)이란 것이 있다. 연필 하나를 쥐어도 형식에 따라야 한다. 그런데 지금은 세 사람 중 한 명은 엄지 손가락이 튀어나오는 방식으로 연필을 쥔다. 연필 쥐는 형식은 본래 쉽게 쓰는 것을 추구한 결과 만들어진 것으로, '형식이란 향상을 위한 합리적 방법'이다. 형식에 관한 사고방식을 가진 사람은 향상을 위해서는 무엇이 필요한지 알기 때문에 난관이 닥쳐도 흔들림이 없다.

그런데 형식대로 하는 것이 바람직하지 않다고 생각하는 사람들도 있다. '지나치게 형식적'이라는 말이 있는데, 그것은 형식이라는 개념 자체가 나쁘다기보다는 형식이 오래되어 통용되지 않게 된 경우를 뜻할 때가 많다. 스키 점프의 경우 이전에는 양쪽 스키를 나란히 모아서 점프를 했는데 지금은 'V' 자 모양으로 벌려 점프하는 것이 일반화되었다. 형식은 시대에 따라 진화하므로 새로운 시대에 맞는 형식이 있을 때 이를 습득함으로써 더 빠른 향상이 가능하다. '자기 방식'만 고집하는 사람이라면 발전 속도가 느릴 수밖에 없다.

서예나 꽃꽂이 등은 형식을 모방하는 데서 시작한다. 처음에는 왜 그 형식대로 해야 하는지 알지 못한 채 무작정 따라 한다. 그렇게 순순히 여러 번 반복해 형식을 연습하는 사람은 시간이 지나면 그 형식을 몸으로 습득한다. 그렇게 형식을 습득한 후에는 상대의 움직임에 따라 자신의 몸이 자연스럽게 움직인다. 그렇게 되고 나서야 왜 형식이 중요한지 깨닫는다.

야구에서 보내기번트는 스몰볼(힘의 야구인 메이저리그에 비해 정교한 기술이나 작전을 주로 하는 야구 스타일)의 전형으로, 고교 야구에서는 기본 중의 기본이다. 보내기번트도 하나의 형식으로 그 형식을 습득한 번트 달인은 거의 실패가 없다.

형식을 습득한 후에는 실패하지 않는다는 장점을 얻게 된다. 형식대로 하는 것이 바람직하지 않다고 말하기 전에 자신이 사람들에게 자랑할 만한 형식을 갖고 있는지 먼저 생각해볼 필요가 있다.

고등학교 농구부를 소재로 한 만화《슬램덩크(Slam Dunk)》에서 강백호는 슛을 쏘면서 '왼손은 거들 뿐'이라는 형식을 배웠다. 그리고 마지막 편은 '왼손은 거들 뿐'이라는 혼잣말과 함께 그가 결정적인 슛을 던지는 것으로 끝이 난다. 마지막에 의지가 되는 것은 처음에 배운 기본과 형식뿐이다. 왼손은 거들 뿐이라는 형식은 마이클 조던(Michael Jordan) 같은 농구의 달인에게도 통용되는 방식이다. 달인이나 선배가 발견한 형식은 합리적인 것으로 인정하고 적극 받아들여야 한다.

도요타는 왜 자동차 시장에서 강할까? 그것은 3무, 즉 무다(無駄: 불필요) · 무리(無理: 불합리) · 무라(無班: 불균일, 변덕)를 없앤다는 사고방식이 직원들의 공통된 형식이 되었기 때문이다. 간판 방식(도요타자동차가 재고 압축을 목적으로 개발, 채용한 생산관리 방식)도 그 일환으로, 형식이 있었기에 불황에도 흔들림 없는 강함을 발휘할 수 있었다. 형식이 있다는 것은 일본 사회의 강점이기도 하므로 개성을 말하기 전에 쓸 수 있는 형식을 얼마나 습득하고 있는지부터 먼저 생각해보기 바란다.

창조성은 형식의 집적으로 이루어진다. 형식을 습득하는

것은 감각을 갈고닦는 것이다. 형식대로 함으로써 감각을 키우고 창조성을 발휘할 수 있다.

예를 들어 농구 연습을 할 때, 골대 밖으로 떨어진 공을 주워서 슛을 던지는 식으로 막연하게 반복해서는 형식을 익힐 수 없다. 하지만 피나는 노력을 통해 일단 내 것으로 만든 '형식은 자신감의 원천'이 된다.

형식을 습득해 정신을 안정시키자

형식을 습득하기까지는 시간이 걸리지만 그러한 과정을 통해 중도에 포기하지 않는 끈기를 배울 수 있다. 끈기라는 것이 몸에 배면 '기분'과 '기력'이 안정된다. 이로써 차분하게 자신의 기분을 통제할 수 있다.

기술이 없다며 스스로
포기하진 않았는가?

기술화/양질전화

세상에는 단 두 종류의 사람이 있다. 자전거를 탈 수 있는 사람과 자전거를 탈 수 없는 사람이다. 배우지 않고 저절로 자전거를 탔다는 사람이나 어떨 때는 자전거를 탈 수 있고 어떨 때는 자전거를 탈 수 없는 사람은 없다. 또 자전거를 탈 수 있게 되기까지 얼마나 실패했는지는 거의 상관이 없다. 운동신경이 좋은 사람은 쉽게 배워서 탄다. 운동신경이 좋지 않고 감각이 떨어지는 사람은 한참을 연습해야 탈 수 있다. 그러나 어느 날 자전거를 탈 수 있게 된 후에는 평생을 탈 수가 있다.

이것이 기술의 장점이다. 서툰 사람도 일단 습득해놓은 기술은 평생 쓸 수 있다. 따라서 자신은 감각이 없으니 기술을 습득할 수 없다고 단정하진 말아야 한다. 일단 몸에 익힌 기술은 30년 후에 사용해도 문제가 되지 않는다. 초등학생 때 외발자전거를 배워서 탈 수 있었던 세대는 평생 외발자전거를 탈 수 있다. 하지만 반복해 연습할 기회가 없었던 나는 아직까지도 외발자전거를 타지 못한다.

즉 잘하고 싶으면 질이 변화할 때까지 양을 늘릴 필요가 있다. 변증법에서는 이것을 '양질전화(量質転化)의 법칙'이라고 한다. 언어학자 미우라 쓰토무(三浦つとむ)는 《변증법은 어떤 과학일까(ふしぎとうまくいく交渉力のヒント)》에서 변증법의 3대 요소로 '대립물의 상호 침투', '부정의 부정'과 함께 '양질 변화'를 들고 있다. 질이 변화하기(자전거의 경우 탈 수 있게 되기) 전에 양을 늘리는 것을 멈추면 바로 원상태로 돌아간다.

나도 이전에 무술을 배웠기에 양질전화의 법칙을 실제로 느껴보았다. 기술을 습득하기 위해서는 5000번 정도 연습하는 것으로는 부족했다. 최소 1만 번, 할 수 있다면 2만 번 이상 연습하지 않으면 완전히 자기 것이 될 수 없다.

영어 단어를 외우는 것도 그렇다. 단어를 외우는 것이 기술화된 사람은 대량으로 단어를 외울 수 있다. 기억하는 데도 기술이 있다. 중고등학교 시절에 외운 단어는 어른이 되어도 쉽게 기억난다. 그것이 기술화했다는 증거다.

기술을 습득한 후에는 반은 무의식적으로도 할 수 있다. 예를 들어 요리를 잘하는 사람은 주방 칼로 채소를 썰면서도 다음 작업을 생각한다. 기술화되어 있기 때문에 가능한 이야기다.

언제라도 다시 사용할 수 있는 것이 기술이다. 우연히 할 수 있게 되는 경우도 있는데 이는 기술이라고 말할 수 없다. 가령 눈을 감고도 백발백중 쓰레기통에 휴지를 넣을 수 있다면 그것은 기술이다.

기술이란 반복 학습으로 몸에 밴, 언제든지 끄집어낼 수 있는 동작이다. 또, 한 번 할 수 있게 되면 그 후로는 끝까지 계속할 수 있는 것이 기술이다.

거래처에 인사하는 법을 기술로 습득한 사람은 의식해서 인사해야 한다고 생각하지 않기 때문에 여유가 있다. 여유가 있는 만큼 그는 부서 전체를 훑어보고 이 부서에서는 지금 어떤 움직임이 있는지 추측할 수 있다.

수련→습득→자동화라는 흐름은 기술을 자기 것으로 만드는 데 기본이 된다. 그렇게 자동화됨으로써 의식에 여유가 생긴다. 무의식적으로 할 수 있는 것이 많을수록 지금의 의식은 새로운 것에 쓸 수 있다.

의식의 양을 늘리는 것이 향상을 위한 요령이다. 하나씩 기술로 만들어가면 의식할 수 있는 범위를 늘리게 된다. 중학생때 기술화에 눈을 뜬 나는 무엇이든 기술화하려고 했다. 영어를 잘할 수 있는 기술, 역사를 잘할 수 있는 기술, 운동을 잘할수 있게 되는 기술 등에 대해 생각하면서 어떻게 하면 그것들을 습득할 수 있을지를 늘 궁리했다.

이 책에서 다루는 50가지 개념도 단순히 개념을 아는 것만으로는 의미가 없다. 그것을 기술화해 사용할 수 있느냐가 포인트다.

다음 항에서 소개할 '경영의 신'으로 불리는 피터 드러커(Peter Drucker)는 '고객 만족'을 주장하며 '고객(customers)'이라는 말을 유행시켰다. 고객 만족에 대해 아는 것에 그치지 않고이를 기술로 습득했는지가 중요하다. '상품을 파는 것'보다 '거래처의 성장'이 고객 만족으로 이어진다는 것을 알게 된 한 회사는 장사가 잘되는 시스템을 철저히 연구해 적극적으로 정보를 제공하는 방향으로 전환하고 성공을 거두었다고 한다.

요즘은 학교에서도 고객 만족이 필요하다. 교육에 있어서는 학생과 보호자가 고객이 되므로 그들이 좋은 수업이라고 생각할 만한 수업을 해야 한다. 그런 관점에서 볼 때 교사들은 기술화를 목표로 '기술을 단련'하는 것을 목표로 삼아야 한다.

항상 '스킬업!' 하겠다는 의식으로 기술화를 위해 노력하자

무슨 일의 지도자들이든 "자연스럽게 하라", "정신을 집중해 연습하면 무의식적으로 할 수 있게 된다"고 말하는 사람들이 있다. 하지만 '향상의 과정' 동안에는 '의식하지 않고, 무심히, 자연스럽게' 한다는 건 일단 무리다. 먼저 '무심히'가 아니라 의식적으로 '유심(有心)'하게 지속적인 기술의 사용, 즉 연습을 계속할 필요가 있다.

내가 하고 싶은 일만 하고 있는가?

'고객'은 경영학자 피터 드러커가 주장한 개념이다. '단골손님'
이라는 의미에서는 고객이 평범한 말이지만 '고객 지향(기업 활
동을 고객 중심으로 생각하는 태도)', '고객 요구', '고객 만족(기업이 사
업 활동을 통해 고객의 욕구를 효과적으로 충족시키는 것)' 같은 용어가
되면 하나의 개념이라고 할 수 있다. 이러한 용어들이 사물을
보는 관점을 바꿔주기 때문이다.

피터 드러커는 "고객은 누구인가", "고객은 어디에 있는

가", "고객은 무엇을 사는가"를 묻는다. 그는 "고객의 욕구에서부터 출발하라"고 충고하면서 "대부분의 사업이 적어도 두 종류의 고객을 갖고 있다"고 말한다. 예를 들어 생활용품 제조사의 고객은 주부와 소매점으로, 주부의 구매 욕구를 자극해도 가게가 상품을 진열해주지 않으면 물건을 팔 수 없다.

"좋은 제품이니까 사주세요!" 하고 간청해도 고객의 요구가 없으면 팔리지 않는다. 그런데 고객이 손님만을 가리키는 것은 아니다. 평소 접하는 상대를 고객으로 인식하는 발상 전환이 필요하다.

대학에서도 최근 20년 동안에는 학생을 고객으로 인식하게 되었다. 교사가 실러버스(Syllabus : 수업, 강의안내서)를 사전에 제시하게 된 것도 '고객(학생) 서비스'의 일환이다.

이전에는 교사에게 학생이 '지도할 대상'이었으므로 수업을 할 때도 학생의 반응을 보면서 당초 예정한 것보다 수준 높은 내용을 가르치거나 방향성을 바꾸는 경우가 자주 있었다. 그러나 '고객 대응'이라는 관점에서 볼 때 그것으로는 충분하지 않다.

레스토랑에 온 모든 손님이 요리사의 '추천 요리'만으로 만족하지는 않는다. 그래서 실러버스라는 메뉴를 준비해 손님(학생)의 취향대로 요리(강의)를 선택하게 하는 방식을 제공한다. 대학의 교직원들이 학생의 이익이나 학생의 관점에서 그들이 바라보게 된 것이다.

이렇듯 교사라는 일이 얼핏 보기엔 고객과 관계없는 것 같지만 조금만 발상을 바꾸면 학생도 일종의 고객이 된다.

사립 고등학교의 경우 입학 지원자가 적으면 그만큼 수입이 줄고 재학생들의 학력 수준도 떨어진다. 그래서 교사들이 중학생과 보호자들을 대상으로 한 설명회에 참여해 직접 설명하는 일도 있다. 이렇게 교사가 '영업'을 하는 것이 지금은 당연한 일이 되었다. 대학 진학 실적, 방과 후 동아리 활동 등 교사는 학생과 보호자라는 두 종류의 고객이 요구하는 것에 응하지 않으면 안 된다.

이따금 수업이 교사의 자기만족, 도락(道樂)이 되어버리는 측면도 있었다. 그런데 고객 만족을 염두에 두면 과연 이런 수업이 고객에게 만족을 줄 수 있을지 고민하게 되고 그럼으로써 교사는 더 충실한 수업을 하기 위해 노력할 수밖에 없다.

소설가 나쓰메 소세키(夏目漱石)는 '직업과 도락'의 차이를 설명한다. 직업은 타인을 위해 하는 서비스이고 도락은 자신을 위한 것이다. 깨달음을 위한 스님의 수행은 도락이 된다. 하지만 직업은 타인을 위해 하는 것이므로 직장 생활을 할 때는 고객만족을 지향하지 않으면 안 된다.

나의 논문을 읽는 고객은 고작해야 세 명 정도다. 물론 이것은 중요하다고 생각하는 문제에 대해 쓴 것이므로 학계에서 평가받느냐, 못 받느냐만 문제가 된다.

하지만 일반인을 대상으로 책을 쓸 때는 독자를 향한 호소력이 필요하다. 내가 《소리 내어 읽고 싶은 일본어》를 출판하기 전에 쓴 전문서는 2000부 정도밖에 팔리지 않았다. 그런데 발상을 전환하고 겉으로 드러나지 않은 고객(독자)의 욕구를 찾고 파고들어 이를 끄집어낸 결과 《소리 내어 읽고 싶은 일본어》 시리즈는 총 260만 부나 팔렸다. 고객 만족도가 높았기 때문이다.

나는 '베스트 팀 오브 더 이어' 심사위원장을 맡고 있다. 이는 팀워크를 발휘해 현저한 실적을 남긴 팀을 매년 표창하는 상이다. 2016년은 체조 남자 단체팀과 크게 히트한 애니메이션 〈너의 이름은(君の名は)〉 제작팀이 상을 받았다. 몇 번을 봐도 새로운 발견이 있도록 신카이 마코토(新海誠) 감독과 스태프가 고심해 만들어냄으로써 고객 만족도가 높았던 점을 높이 평가한 것이 선정 이유였다.

피터 드러커는 개념을 운용하는 데 뛰어나다. 현대사회에서는 고객이라는 개념을 효율적으로 사용할 때 사물을 보는 관점 자체가 바뀌고 고객 만족을 통해 자신의 능력을 온전히 발휘할 수 있다.

고객 만족을 통해 완전한 능력을
발휘하고 자기실현을 하자

자신이 하고 싶은 일을 직업으로 삼은 사람은 거의 없을 것이다. 그러나 자기실현이 아니라 타인을 생각하는 것이 결국에는 자기실현으로 이어진다. 그렇게 하려면 자기중심성을 벗어나 고객은 누구인지, 고객의 감춰진 욕구는 무엇인지를 끊임없이 묻는 것이 중요하다.

혼자 힘으로 달성했다고
생각하진 않았는가?

매니지먼트

나는 대학 입시 공부를 중학교 동창과 둘이 했다. 합숙을 하며 동창과 함께 도쿄대학 기출문제를 풀면 전부 맞힐 수 있었는데 혼자서 하면 제대로 실력 발휘를 할 수 없었다. 2인 1조로 시험을 보게 해주면 확실하게 도쿄대학에 들어갈 수 있을 텐데 하는 생각이 들 정도였다.

힘을 합했을 때 커다란 플러스알파가 나오는 것이 매니지먼트(management)다. 우스갯말로 형식적이고 비능률적인 관공

서의 사무 처리를 비꼬아 '공무원스럽다'라고 표현하기도 한다. 아무리 한가한 부서라도 부서 직원들은 또박또박 월급을 받아간다. 민간 기업이었다면 한가한 부서를 내버려두지 않고 다른 부서와 연계해 생산성 향상을 검토할 것이다. 이렇게 조직이 무엇을 해야 하는지, 조직이 어떻게 기능해야 하는지 끊임없이 묻는 것이 경영이다.

피터 드러커는 '매니지먼트'에는 세 가지 역할이 있다고 말한다.

① 스스로 조직에 특유의 사명을 부과하는 것. 경영은 각 조직의 목적을 부과하기 위해 존재한다.

② 일을 통해 일하는 사람들을 활용하는 것.

③ 자신이 사회에 주는 영향을 처리하는 동시에 사회 문제 해결에 공헌하는 것.

'매니지먼트=관리'인데, 단순한 관리가 아니라 지금 있는 인적 자원을 최대한 활용할 수 있어야 한다. 똑같은 멤버들이 매니저가 바뀐 순간 성과를 냈다면 그것은 그 매니저에게 매니지먼트력이 있었기 때문이다.

매니저라고 하면 최고경영자를 돕는 사람이라고 생각하기 쉬운데 사실 '매니저=총괄자'다.

이와사키 나쓰미(岩崎夏海)가 쓴 《만약 고교야구 여자 매니저가 피터 드러커를 읽는다면》라는 책에는 실력 없는 공립 고등학교 야구부에서 유니폼을 세탁하고 일정 조정을 하는 여성 매니저가 등장한다. 이 매니저는 우연히 서점에서 읽게 된 피터 드러커의《매니지먼트(Management)》의 경영철학을 야구부 운영 방식에 도입해 전국 고교 야구대회 우승을 노린다.

이 책은 야구부뿐 아니라 회사는 물론 온갖 조직에서 매니지먼트를 활용할 수만 있다면 큰 효과를 거두는 것이 가능하다고 말한다.《만약 고교야구 여자 매니저가 피터 드러커를 읽는다면》은 피터 드러커의 매니지먼트 이론을 실제 활용하는 입문서로 알려져 일본에서 베스트셀러가 되었다.

매니지먼트에서는 제한된 인적 자원을 어떻게 활용하고, 시간의 제약 속에서 조직이 가진 에너지를 어떻게 분배하느냐가 중요하다. 매니지먼트를 습득한 사람은 주어진 전체 에너지와 한정된 시간 속에서 목표를 위해 무엇을 갖춰야 할지 고민한다. 그런 사고를 하느냐, 할 수 없느냐가 조직의 성공과 실패를 좌우한다.

매니지먼트에는 'manage to (do)'라는 표현과 마찬가지로 '어떻게든 한다'는 의미가 있다. 월드컵 축구 경기에서 8강 안에 드는 것을 목표로 한다면, 경기 시작 날짜부터 역산해 주어진 시간 안에 감독을 누구로 할지, 어떤 선수를 소집해 어떤 팀을 만들지 등 대진 상대를 비롯한 여러 상황을 고려하면서 매니지먼트를 해야 한다.

이런 복잡한 일을 '어떻게든 하는 능력'이 매니지먼트력이다. 팀을 하나로 모아 팀의 방향성과 비전을 제시하고, 의욕적으로 전력을 활용해 성과를 내려면 혁신을 일으킬 조직을 만드는 것이 필요하다.

여기서 말하는 혁신은 기술 혁신이 아니라 시스템의 혁신이다. 일단 혁신을 일으킬 수 있는 조직을 만들었다면 매니지먼트가 제대로 이루어지고 있다는 증거다.

피터 드러커는 중요한 경영 콘셉트를 많이 고안했다. 그것은 기업에 머물지 않고 사회 일반에까지 영향을 미쳤다. '분권화', '민영화', '지식 노동자', '비영리 조직'이라는 말도 피터 드러커에 의해 알려졌다. 피터 드러커를 높이 평가하는 것은 이런 개념을 다수 제시하고 실천이 가능하도록 그 운용 방법을 설명했기 때문이다.

나는 교사가 되려는 학생들에게도 매니지먼트를 배우라고 권한다. 피터 드러커는 톱 매니지먼트의 역할로 ① 사업의 목적을 생각한다, ② 조직 전체의 규범을 정한다, ③ 조직을 만들고 유지한다, ④ 섭외를 맡는다, ⑤ 행사 출석 같은 의례적인 역할을 한다 등을 들고 있다. 교사는 한 사람 한 사람이 톱매니지먼트이므로 이 다섯 가지 역할은 교사에게도 필수다.

전체를 내다보는 눈을 키우자

멤버의 일원으로만 있지 말고 때로는 멤버를 움직이는 매니지
먼트의 시선으로 바라보면 리더에게는 리더 나름대로 미처 몰
랐던 고충이 있음을 알게 된다. 그럼으로써 자신을 보는 눈과
전체를 보는 시야가 넓어진다.

자신이 하고 싶은 것은 꼭
관철하려 들지 않는가?

협상

'협상(negotiation)'이라고 하면 변호사나 외교관 같은 전문가가 하는 것일 뿐 일상에서는 협상을 할 상황이 많지 않다고 생각하는 사람들이 대부분이다. 그러나 사실 직장일 하나만 보아도 고객뿐 아니라 거래처, 상사, 부하직원 등 다양한 관계자와 하는 협상의 연속이다. 인생도 가족, 친구, 연인 등 여러 사람들과의 관계로 이루어진다.

대학 때 협상에 고수인 친구가 있었다. 이 친구는 엠티를 가면 잡담을 하며 주방 아주머니와 친해져 반찬도 맛있는 것으로 넉넉히 챙겨 받았다. 헬스클럽에 다닐 때도 그곳 경비 아저씨와 친해져서 정해진 시간이 지나도 느긋하게 드나들었다. 이런 식으로 처세에 능했던 그는 대학 졸업 후 사회적으로도 성공하고 풍족한 삶을 영위했다.

알고 보면 대인관계는 협상의 연속이다. 자신에게 이익이 되지 않는다고 타인과의 관계를 칼같이 끊어버리고 자기 위주로만 생활하면 원만한 인생을 살아갈 수 없다. 상대의 이익을 생각하지 않고 일방적으로 자신의 이익을 강요하면 상대와의 관계성은 끊어지고 만다.

처음부터 이해가 일치하는 경우는 없으므로 항상 상대의 이익과 자신의 이익을 조정해나갈 필요가 있다. 자신의 발언력을 높이는 동시에 상대가 진심으로 바라는 것이 무엇인지 이해함으로써 서로가 윈윈 하면서 좋은 관계를 유지할 수 있다. 이처럼 적절한 협상력을 습득하면 인생 자체가 풍요로워진다.

나는 이테야 요시오(射手矢好雄) 변호사와 대담 형식으로 《신기하게 잘 풀리는 협상력 힌트(ふしぎとうまくいく交渉力のヒント)》라는 책을 낸 적이 있다. 하버드 로스쿨에서 공부하고 오랫동안 변호사 생활로 협상의 노하우를 실천한 '협상 프로' 이테

야 변호사는, 협상력은 '이익', '옵션', 'BATNA(Best Alternative to Negotiated Agreement)'라는 세 가지로 나누어 단순하게 생각하는 것이 중요하다고 말한다.

'이익'이란 자신에게 무엇이 진짜 이익인지 명확히 해두는 것이다. 협상이란 서로의 이익을 발견해가는 것이다. '이래야 한다!'라는 근거도 없이 막무가내로 자기 주장을 고집하거나 감정적이 되는 경향에서 벗어나 협상 과정에서는 생각지도 못했던 부분이 사실은 득이 되었음을 깨닫는 것이 중요하다. 연애를 할 때도 '이 사람이 아니면 죽어버리겠다'고 생각하면 상대에게 주도권을 쥐어주게 되고 헤어지기라도 하면 비참함을 느낀다. 자신에게 무엇이 진짜 이익인지 곰곰이 생각할 때만 이 사고의 폭을 넓힐 수 있다. 결혼하는 것이 최대 이익이라 생각한다면 첫 번째 연애에서 실패해도 다른 사람을 찾는 식으로 유연하게 생각하면 된다.

'옵션'은 이익을 지키려고 복수의 협상안을 제시하는 것이다. 상대에게 '성의'를 보임으로써 양보를 끌어낼 수 있다.

예를 들어 해외여행 상품을 고를 때 요금은 크게 다르지 않아도 옵션이 있으면 소비자는 선택의 여지가 있다고 보고 관심을 보인다. 선택지를 준비하는 것은 협상에 크게 도움이 되는 일이다.

'도' 아니면 '모'라는 식으로 선택의 여지가 없을 때는 협상이 이루어지기 어렵다. 옵션이란 상대의 의사가 들어갈 여지를 만들어두는 것이다. 그렇게 하면 협상이 유연해진다. 결혼을 할 때도 남성이 수입은 많지 않아도 시간적으로는 자유로워 가사를 분담하고 여유로운 생활을 즐길 수 있다는 등의 옵션을 제시하면 상대 여성으로서는 배우자로 고려해볼 여지가 생긴다.

세 번째 'BATNA'란 최선의 대체안이다. 협상을 한다고 해서 반드시 합의가 이루어진다고는 볼 수 없다. 그럴 때 '만약의 경우 이렇게 하면 된다'는 일종의 도피로를 준비해두면 정신적으로 여유를 가지고 협상에 임할 수 있다. BATNA를 준비해두면 협상이 결렬되어도 자포자기하지 않고 여유 있게 다른 선택지를 제시할 수 있다. 반면 자신을 BATNA가 없는 상태로 몰아넣으면 물러설 곳이 없다는 인상을 주므로 상대방은 조금만 입김을 불면 쉽게 조건을 받아들일 거라고 만만하게 보기가 쉽다. 반대로, 대체안이 있다는 분위기를 풍기면 상대는 조금 좋지 않은 조건으로도 합의하려고 애쓴다.

일상에서도 대인관계는 협상의 연속이라 생각하자. 자신은 이것을 양보할 테니 당신은 이것을 들어달라는 식으로 유연하게 행동할 때 인간관계가 순탄하고 원만해진다.

협상술을 익혀 압박에 대한 내성을 키우자

많은 인간관계가 협상으로 이루어진다. 그리고 협상을 반복하는 것은 압박에 대한 내성을 단련하는 좋은 기회가 된다. '어차피 안 된다'고 처음부터 포기하고 어느 누구와도 협상하지 않는 태도로는 타인과 함께해야 하는 사회에서 제대로 된 인생을 살아갈 수 없다.

자기혐오에
빠져 있진 않은가?

타력본원

'타력(他力)'은 '남의 샅바로 씨름을 한다', '남의 등불로 불을 밝힌다(남의 것을 이용해서 자기 속셈을 차린다는 의미)'는 말에서 볼 수 있듯이 힘 없는 사람이 힘 있는 사람에게 도움을 구하며 의존하는 마음이라고 생각하는 경향이 있다.

그러나 일본 정토진종의 창시자 신란(新鸞)이 말하는 '타력본원(他力本願)'은 마음의 어둠과 고뇌의 원흉을 타파하여 대안심(大安心)·대만족(大滿足)의 마음으로 만드는 힘이다.

신란은 자신을 온전히 내맡겼을 때의 평온한 경지를 '나무 아미타불'이라는 여섯 글자 염불로 일본 전국에 퍼뜨리기도 했다.

철학자 니시다 기타로(西田幾多郎)는 〈내 아이의 죽음(我が子の死)〉이라는 수필에서 여섯 살 둘째 딸을 병으로 잃은 슬픔에 대해 이렇게 썼다.

"어제까지 사랑스럽게 말하고 노래하고 장난치며 놀았는데 순식간에 모습을 감추어 항아리 속 백골이 된 것은 대체 어떤 이유인가. 그렇게 했으면 좋았을걸, 이렇게 했으면 좋았을걸 하는 후회에 마음이 괴롭다. 그러나 모든 걸 운명이라 여기고 포기하는 수밖에 없다. 운명은 밖에서만 작용하는 것이 아니라 안에서도 작용한다. 우리가 저지르는 과실의 배후에는 불가사의한 힘이 지배하는 듯하다. 후회하는 기분이 드는 것은 '자기의 힘'을 과신하기 때문이다. 이럴 경우, 자신의 무력함을 깊이 깨달아야 한다. 그렇게 자기를 버리고 '절대적 힘'에 귀의할 때 후회의 기분은 방향을 바꾸어 참회의 기분이 된다. 마음은 무거운 짐을 내려놓은 듯 자신의 구원(舊怨)을 풀고 또 죽은 이에게 사과할 수 있게 된다."

그리고 마지막 부분에는 유이엔(唯圓)이 스승 신란의 가르침을 정리한 책《탄이초(歎異抄)》에 나오는 다음과 같은 신란의 말을 인용했다.

"염불이란 정토(淨土)에 왕생하는 인(因)인지, 아니면 지옥에 떨어지는 업(業)인지 사실 나 자신도 알지 못한다."

신란은 반드시 정토에 갈 수 있다고 말하지 않고, 염불이 정토에 가는 씨를 뿌리는 것이 될지, 지옥에 떨어지는 행위가 될지 우리로서는 알 수 없으므로 아미타불에게 맡기라고 말했다. 니시다 기타로는 자식을 잃은 지금, 모든 것을 아미타불에게 맡기자고 이야기하는 평온한 지혜를 보인 것이다.

여기서 우리는 타력의 압도적 힘을 느낀다. 대지에 가볍게 서 있는 듯, 땅을 디디고 있지만 무게감이 느껴지지 않는다. 이는 지식이나 이론만 앞서는 것이 아닌, 불필요한 힘을 뺀 생활방식이다. 염불의 효용은 호흡에도 관계한다. 여러 번 같은 것을 외우면 계속해서 숨을 내쉬게 되므로 긴장을 푸는 효과가 있다.

염불뿐 아니라 운명의 힘을 받아들이고 내맡기는 것이 지혜라고 생각하면 크게 우울해할 것도 없다.

결단을 내리지 못하는 사람은 망설임을 떨쳐내려고 용을 쓴다. 그러고는 막상 빚어진 결과에 책임을 느끼다가 자기혐오에 빠져버린다. 이것이 바로 우울증에 빠지게 되는 위험한 사이클이다. 우울증에서 탈출한 사람의 체험담을 토대로 그린《우

울증 터널에서 벗어난 사람들(うつヌケ うつトンネルを抜けた人た
ち)》이라는 만화가 있다. 우울증을 겪었던 이 만화의 작가는 자
기혐오에 빠졌을 때부터 우울증이 심해졌다고 털어놓았다.

타력에 의지하면 자기혐오에는 빠지지 않는다. 다소 무책
임하게 들릴지 모르지만, 한 개인이 할 수 있는 일에는 한계가
있다. 그러니 모든 일이 자신의 책임이라고 생각할 필요가 없
다. 아미타불이라는 큰 존재에 오롯이 내맡긴다고 생각하면
자신의 힘을 과신하지 않게 되고, 따라서 자기혐오에 빠지는
일도 없다.

자의식으로 가득한 마음을 놓아버리자

타력본원은 자의식으로 가득한 마음의 공간을 커다란 존재에
내맡기는 것이다. 그렇게 함으로써 마음의 평화가 찾아온다.
바로 이 감각이 우리를 '존재의 불안'에서 해방해준다.

당신이 누구냐는 물음에
답할 수 있는가?

아이덴티티

신분증은 내가 누구인지 증명하는 카드다. 이름과 주소, 혹은 어떤 회사의 직원인지가 신분증에 담겨 있다. 자신이라는 존재를 밝히는 것, 그것이 '아이덴티티(identity)'다.

아이덴티티는 정신분석학자 에릭슨(E. H. Erikson)이 주장한 개념이다. '자기 동일성'으로 번역되기도 하는데, 이래서는 의미를 제대로 짐작할 수 없다. '존재 증명'이라고 하는 편이 이해하기 쉽다.

에릭슨은 아이덴티티의 요소로 두 가지를 들고 있다. 첫째 '자기 안에서 일관성을 갖는 것', 둘째 '자기의 본질적 부분을 다른 사람과 공유하는 것'이다.

'일관성'이란, 가령 '남성성'을 철저히 고집하는 사람에게 는 남자라는 것이 아이덴티티가 된다. 지금 세상에 남자와 여 자를 구별해봤자 무의미하다고 생각하는 남성이라면 남자라 는 것이 아이덴티티가 되진 않는다.

'아이덴티티는 개인적이면서 심리적인 것인 동시에 사회 적인 것'이다. 그러한 면에서 볼 때 에릭슨은 인간이 사이코소 셜(psychosocial), 즉 심리·사회적 존재라고 했다. 그래서 회사나 그 밖의 어디에도 소속되지 않은 채 집에 머물면서 누구와도 관계하지 않는다면 존재의 증명이 어려워진다.

간디가 인도 독립을 위해 한 것은 국민에게 인도인으로서 의 아이덴티티를 깨닫게 하는 일이었다. 간디는 영국으로 유 학을 가서 변호사가 되었다. 그런 간디는 양복을 입고 일하면 서도 차별을 받는다. 변호사인데도 이런 대우를 받다니 하고 인도의 현재 상태를 돌아보니 영국 지배하에서 인도인으로서 의 아이덴티티를 빼앗긴 국민이 되어 있었다. 이 사실을 깨달 은 간디는 양복을 벗어던지고 인도 전통 의상 도티로 갈아입 었으며, 영국의 면제품을 쓰는 대신 손수 면직물을 만들기로

했다. 또한 영국 식민지 정부에 의한 소금 전매에 항의하고 많은 사람들과 소금 생산의 자유화를 요구하며 '소금 행진'을 벌이기도 했다. 간디는 이런 방식으로 인도인의 아이덴티티를 깨닫게 한 것이다.

마틴 루터 킹(Martin Luther King) 목사는 간디의 비폭력·불복종에 자극받아 공민권운동(백인과의 동등한 권리를 요구하는 미국의 흑인운동)을 가속화하면서 흑인들이 자신의 긍지와 아이덴티티를 되찾자는 운동을 펼쳐나갔다.

'아이덴티티 크라이시스(identity crisis : 정체성 위기)'라는 말이 있다. 초등학생과 중학생 때는 그렇게 아이덴티티가 무너지는 일이 별로 없지만 대학 입시에 실패한 재수생은 소속이 없어서 존재 증명이 힘들기에 아이덴티티 크라이시스를 겪는다.

나는 대학원생일 때 아이덴티티 크라이시스를 체험했다. 대학원생의 사회적 위치가 명확하지 않기 때문이다. 나는 대학원생으로서 학생 취급을 받는 것은 사양하겠다며 매일 양복을 입고 다녔다. 연구자인 나를 프로로 대등하게 대우해달라는 메시지를 발신한 것이다. 이처럼 프로로 대접받고 싶은데 실제로는 학생 취급을 받으며 아이덴티티의 불일치에 괴로워했던 기억이 있다.

소설가 나쓰메 소세키는 런던에 유학해 영문학을 연구했

다. 하숙집에서 영문학을 계속할지 고민하던 그는 '자기 본위 (自己本位: 자기다움을 찾기 위해 애쓰는 태도)'로 가겠다고 결심했다. 자신이 생각한 것에 자신의 아이덴티티를 담자고 생각한 그는 훗날 빛을 발하는 문학가가 되었다.

예를 들어 '당신은 누구인가?'라는 질문을 받았을 때 '어느 회사의 직원'이라고 대답할 수는 있다. 하지만 회사를 그만두고 나면 내 존재를 증명할 수 없다. 조직과 일체화해서 존재할 수 있다고 생각했지만 정년을 맞거나 도중에 퇴직하면 그 아이덴티티는 제로가 되어버린다.

예를 들어 '무슨 출판사의 직원'이라고 하기보다 '나는 편집자로 일한다'라고 하는 것이 아이덴티티로서는 견고하다고 볼 수 있다. 다른 출판사로 이직해도 편집자로서의 아이덴티티는 계속 성립하기 때문이다. 직장인이면서 아마추어 천문학자인 사람도 있다. 그런 사람이라면 직장인보다는 평생 취미인 천문학자로 아이덴티티를 설정하는 편이 나을지도 모른다.

나는 이런 사람이라고 당당히 말할 수 있는 뭔가를 찾아라

'나는 누구인가' 하는 질문을 던지며 먼 곳을 헤매고 있진 않은

가. 사실 '이것이 나다'라고 말할 만한 것은 의외로 가까이 있는 경우가 많다. 존재 증명을 원하는 인간은 다른 사람과 공유할 수 있는 것, 자신은 이런 사람이라고 당당히 말할 수 있는 것을 찾아낼 때 비로소 힘을 발휘할 수 있다.

감정이 내 마음에 있는 거라고
생각하진 않는가?

천지유정

철학자 오모리 쇼조(大森莊蔵)는 《자신과 만나다(自分と出會う)》에서 말한다. 사람은 희로애락의 감정이 '마음속'에 있다고 생각하는데 그것은 인간이 자신에 대해 품고 있는 착오와 오해라고. 사실은 세계 자체가 이미 감정적이어서 기쁜 세계일 때가 있고 슬퍼해야 할 세계일 때가 있다는 것이다.

오모리 쇼조는 다음과 같이 강조한다.

"마음속 감정이라고 생각하는 것은 사실 이 세계 전체 감정 가운데 하나의 작은 전경(前景)에 불과하다."

예를 들어 날씨와 기분에 대해 생각해보면 알 수 있다. 구름이 낮게 깔린 암울한 장마철의 세계는 그 자체로 우울하고, 하나의 점경(點景)으로서의 '나' 역시 우울한 기분이 된다. 하늘이 높고 화창한 가을의 세계는 그 자체가 화려해서 하나의 전경으로서의 '나' 역시 화창한 기분이 든다. 세계는 감정적으로, '천지유정(天地有情)'이다. 그 천지에 잇닿아 있는 인간 역시 미소(微少)한 전경으로서 '유정'에 참가한다. 그것이 우리가 '마음속'에 담고 있다고 생각하는 심정이다.

오모리는 천지유정을 예민하게 이해한 예로서, 산수화, 문인화(전문적 직업 화가가 아닌 시인, 학자 등의 사대부 계층 사람들이 취미로 그린 그림)를 포함한 일본 화가와 프랑스의 인상파 화가들을 들고 있다. 그들은 풍경을 묘사할 때 무엇보다 '풍경의 감정'을 표현하려 노력했다.

자신이 마음속에서 생각하는 것은 외부 세계를 수용한 것이고, 게다가 외부 세계의 표현 가운데 하나가 자신의 마음속 감정일지 모른다면, 가령 마음이 우울한 것은 우울한 세계에 살기 때문이라고 이해할 수 있다. 천지유정이라는 네 글자의 개념으로 사물을 보려고 하면 '무정(無情)'이라는 감정에서 해방된다.

의사이며 작가인 나기 게이시(南木佳士)는 일본의 권위 있는 문학상인 아쿠타가와상을 수상했다. 그는 작가와 의사라는 두 가지 일을 하면서 극도로 피로가 쌓여 공황장애와 우울증을 앓게 되었다. 그때 이 천지유정이라는 말이 우울증이라는 나락의 수렁에서 자신을 구한 최고의 약이자 생명의 은인이 되어주었다고 말한다.

수학자 후지와라 마사히코(藤原正彦)는 《젊은 수학자의 아메리카(若き数学者のアメリカ)》에 이렇게 썼다.

"1972년 여름, 미시간대학에 연구원으로 초빙되어 성공적으로 세미나 발표를 끝냈다. 그런데 미국에 대한 적대감과 미국인이 일본인인 자신에게 적의를 갖거나 업신여기지는 않을까 하는 피해망상 때문에 마음의 병을 앓았다. 그때 겨울이 왔고 하늘을 뒤덮은 두꺼운 구름 아래 있기보다는 개방적인 플로리다에 가는 것이 낫다는 조언을 듣고 플로리다로 갔다. 그곳에서 그는 바닷가를 거닐다 어떤 소녀와 가까워졌고 이를 계기로 자산에게 닥친 어려움을 극복할 수 있었다."

기분이 좋지 않을 때 이를 마음의 문제로 인식해버리면 이러지도 저러지도 못한다. 앞서 이야기한 오모리 쇼조는 말한다.

"사람은 뭐든 무턱대고 마음속에 담아버리는 나쁜 습관이 있다."

눈앞에 무서운 물건이나 사람이 있으면 사람은 그것에서 공포의 감정을 떼어내어 자기 마음속에 흡수하고는 감정이란 마음속에만 있는 것이라고 오해한다. 그러나 감정만을 떼어내기란 애당초 불가능하다. 사실은 단순해서 무서운 것이 눈앞에 있다. 이건 그 이상도 이하도 아니므로 이 일그러진 상태에서 인간 본래의 자연스러운 구도로 돌아가면 된다. 즉 우리는 안심하고 타고난 대로의 자신으로 돌아가면 된다.

타고난 대로의 자신으로 돌아가는 데 난해한 철학이나 의미 있는 종교 설법은 무용하다. 이미 '자연과 일체'인데 인위적으로 만든 외침을 굳이 들을 필요가 없다는 것이다.

불교적 깨달음의 세계에서는 감정적인 것을 전부 천지에 되돌려놓음으로써 자아를 텅 비운다. 안심하고 타고난 대로의 자신으로 돌아가면 된다고 생각할 때 마음의 부담이 줄어든다. 오모리 쇼조는 "(이것은) 사람이라면 누구나 할 수 있고, 고작 1년 정도만 연습하면 된다"고 말한다.

1년 정도만 연습하면 된다고 말할 수 있는 철학자는 거의 없다. 오모리 쇼조는 철학을 해설하는 학자가 아니라 자신의 머리로 생각하는 철학자인데 바로 그 점이 매력이다.

그렇다고는 해도 인간의 의식은 다루기 힘든 장해물이다.

본디 세계와 한 개인은 이어져 있으나 사람의 의식은 그것을 떼어놓는다. 오모리 쇼조에 따르면 "의식이야말로 세계를 떼어놓는 원흉"이다. 확실히 자의식이 너무 강한 사람들은 세계와 자신을 떼어놓는 경향이 있는데 일단 긴장을 풀어 자의식을 없앤 후 안심하고 태어난 그대로의 자신으로 돌아가야 한다. 이로써 살아가기 위한 새로운 에너지를 얻을 수 있다.

나는 자의식 과잉을 '자의식 메타볼릭 신드롬(대사증후군)'이라 부르는데 이것이 심각한 위험 신호라고 생각한다. 자의식 과잉인 사람은 자의식 안에서 의식이 빙글빙글 돌고 있는 상태다. 자의식 과잉에 빠지면 밖으로 향해야 할 의식의 에너지를 쓸모없이 낭비하게 된다.

'마음'이라는 올가미를 풀고 넓은 세계와 접하자

하찮은 자의식만큼 스스로에게 큰 장벽이 되는 것은 없다. '자신의 마음'에 무게를 두지 말고 세계를 넓힘으로써 천지와 정을 함께하는 감각을 추구하자.

내 관점이 절대적이라고
생각하진 않는가?

이견의 견

스스로를 제대로 보기는 어렵다. 편견을 가진 인간이라는 존재로서는 자신을 본다는 생각이 실은 편견에 불과한 경우가 많다. 그래서 한 발 떨어져 자신을 보자는 것이 '이견의 견(離見の見)'이라는 사고방식이다.

　이견의 견은 노(能: 일본의 전통 가무극)에서 말하는 마음가짐으로 제아미(世阿彌: 노의 연기자, 작가, 이론가로 노를 집대성하여 하나의 예술로 정착시켰다)가 한 말이다.

이것은 자신의 연기를 관객의 눈으로 보라는 의미다. 연기자 자신의 눈으로 보는 자신의 모습은 주관적 관점, 즉 아견(我見)에 불과하다. 아견에 얽매여서는 관객을 만족시킬 수 없다.

그렇기 때문에 '이견(離見)', 즉 자신의 모습을 연기자 자신이 의식하고 객관시하는 힘이 필요하다. 제아미는 이견의 견을 위한 구체적 방법으로 목전심후(目前心後)를 말한다. 이는 "눈은 앞을 보아도 마음은 뒤에 두라", "두 개의 눈으로 앞을 보며 걷고 마음의 눈으로 자신의 뒷모습을 보라"는 뜻이다. 즉 자신을 객관적으로 보는 노력이 필요하다는 것이다.

무대 위 연기자인 자신을 관객의 눈으로 보면 어떻게 보일까. 그렇게 되면 잘못된 부분이 보일 때 고치는 식으로 대처할 수 있다. 대학원에 다니던 시절 나는 내 수업을 비디오로 촬영해 이후에 다시 볼 기회가 있었다. 그것을 보고 얻은 깨달음은 삶의 커다란 재산이 되었다. 그런 체험을 해보았기에 교직을 목표로 하는 학생에게 1분간 발표를 시키고 그 모습을 스마트폰으로 촬영한 후 영상을 보여준다. 한 학생은 자신이 1분에 여섯 번이나 "그러니까……"를 반복하는 걸 보고 깜짝 놀랐다. 아견으로는 자신이 여섯 번이나 "그러니까……"라고 반복하는 것을 알아챌 수가 없다.

반복해서 이런 연습을 하다 보면 일일이 영상을 찍어 확인하지 않아도 자신의 모습을 또 다른 자신이 볼 수 있다. 그런 식으로 이견의 견을 어느 정도 습득하고 난 후에는 자신이 잘 못 말한 순간에 곧바로 알아채고 "미안합니다" 하며 정정할 수 있다.

그런데 잘못을 눈치채지 못하는 사람도 있다. 남에게 잘못을 지적받아도 "그런 식으로는 말하지 않았다"며 부정하는 사람이라면 이견의 견을 터득하지 못한 것이다.

아나운서들에게는 귀에 꽂은 이어폰을 통해 실수를 지적받는 시스템이 있다. 이같이 기계에 의존하지 않고도 스스로 정정할 수 있는 사람은 '자기 수정 기능'이 있다고 할 수 있다. 이견의 견에는 자기 수정 기능이 있다.

뛰어난 축구 선수는 넓은 시야로 뛰면서도 경기 전체의 흐름을 본다. 하지만 뛰어난 선수는 멀리 떨어진 곳에 있는 우리 편 선수에게도 공을 패스해준다. 이것이 가능한 이유는 중계 카메라로 내려다보는 것처럼 경기 전체를 볼 수 있기 때문이다. 평범한 선수는 공을 몰고 가기에도 벅차서 발아래만 볼 뿐 주위를 볼 여유가 없다. 이견의 견은 자기 수정 기능뿐 아니라 전체를 파악하고 조감하는 관점이기도 하다.

제아미는 "뒷모습을 의식하지 못하면 그 속됨을 모른다"고 했다. 뒷모습을 보지 않으면 보이지 않는 뒷모습에 드러나 있는 상스러움을 깨닫지 못한다는 의미다. 이는 "마음을 뒤에 두어" 등 뒤에서 자신의 행동거지를 보고 생활 방식과 일하는 모습에 수치스러운 점은 없는지 확인하라는 뜻이다.

이견의 견을 터득해 넓은 시야에서 사물을 인식하게 되면 어떤 문제가 발생했을 때 자신을 타인이라 생각하고 그 상황을 바라본다. "그 문제는 참고 넘기는 편이 좋겠다"라거나 "이 일은 심각하므로 상사에게 보고하는 것이 낫겠다"라고 조언하며 제3자적 눈으로 자기 문제를 인식하는 것이다.

서양에서는 독서를 통해 '메타 인지 능력'을 키우는 '리딩 워크숍' 수업을 한다. 메타는 '고차원', '초월하다'는 의미로, 메타 인지 능력이란 '인지하는 자신을 인지하는 능력', '자기 관찰 능력'이다. "자신이 그것을 '모른다'는 것을 안다"는 무지(無知)의 지(知)가 자신이 느끼는 것과 생각하는 것을 더 높은 위치에서 조감해 인식하게 하는 것이다.

나는 학생들이 메타 인지 능력을 습득할 수 있도록 연습을 시킨다. 예를 들어 "누가 토론에서 창의적 활동, 생산적 기능을 하는지" 알 수 있는 힘을 키우기 위해 다섯 명은 토론을 하고 다른 다섯 명은 밖에서 내려다보는 느낌으로 노트를 하게 한다. 그러면서 토론하는 다섯 명 가운데 누가 가장 활발하게 의견을 말하고 반응하는지 확인한다. 이런 훈련을 하면 자신이 토론에 참가했을 때, 밖에 있을 때의 전체적 시점이 남게 되고 '메타 토론 능력', '메타 시점 능력'을 터득할 수 있다.

자신을 밖에서 보는 자기 객관적 시각의 힘을 갖자

또 하나의 자신이 자신을 바라본다는 감각을 기억하면 여유가 생겨서 이성을 잃고 폭발하거나 독선적이 되지 않는다. 그것은 자기 통제로 이어지고 자신을 변혁하는 힘이 된다.

내 스타일이라고
할 만한 것을 갖고 있는가?

스타일

우리는 사람들을 스타일이라는 관점에서 평가하곤 한다. 나는 많은 사람에게 공통되는 '형식'과 함께 다른 사람에게는 없는, 그 사람만의 '스타일(style)'을 중시한다.

스타일이란 양식, 즉 방법에 일관성이 있음을 뜻한다. 메를로 퐁티는 《세계의 산문(La Prose du Monde)》에서 "일관된 변형 작용이 스타일"이라고 말했다. 예를 들면 사용되는 근육이 달라도 연필로 쓴 필적과 칠판에 쓴 필적은 똑같다. 조바꿈을 해도 하나의 멜로디는 변함이 없다. 또 스타일은 다른 사람에게는 그 사람의 일관된 태도로 보일 수 있지만 정작 자기 자신에게는 보이지 않는다고 한다.

고흐(V. Gogh)라는 변형 장치를 통과한 그림은 모두 고흐의 분위기를 가진 그림이 된다. 그래서 어떻게 보면 쉽게 고흐 그림의 위조품을 만들 수 있다. 일류 화가는 스타일이 확립되어 있어서 위조품을 만들기 쉬운데, 독자적 스타일이 없는 이류, 삼류를 흉내 내기는 어렵다.

르누아르가 그린 인물은 피부가 반짝반짝 빛나고, 우리는 르누아르의 그림을 보며 이 세상에 살아 있는 것이 즐겁다는 느낌마저 받게 된다. 그것이 그의 세계관과 기술을 포함한 르누아르 스타일이다. 뭉크(E. Munch)의 그림에는 햇빛이 별로 없고 불안한 느낌이 표현되어 있다. 이것이 뭉크의 세계관이고 우리는 이 스타일에 매료된다. 이처럼 우리는 스타일을 즐긴다.

그러나 스타일은 하루아침에 만들어지지 않는다. 스포츠든, 예술이든, 일이든 어떤 경지에 오른 사람은 힘든 연습을 통해 스타일을 갖게 된다. 공부도, 운동도, 일도 자신이 체험해 배운 것은 자신의 스타일로 만들어내고 기술화해야 의미가 있다. 있는 힘을 다해 노력하며 성숙시키는 것이 스타일이다.

고흐는 정말 소중한 것을 그려서 사람들을 기쁘게 해주고 싶다는 생각을 했다. 살아 있는 동안에는 단 한 점의 작품밖에 팔리지 않았지만, 그래도 작품에 모든 것을 걸기 위해 이성의 균형을 잃을 만큼 자신을 내몰며 '경지', 즉 자신의 스타일에 다다르려고 분투했다.

'공간(場)'에 대해 말하자면 파블로 피카소(Pablo Piccaso), 앙리 마티스(Henri Matisse), 조르주 브라크(Georges Braque) 등의 화가가 살았던 몽마르트의 목조로 된 싸구려 아파트 바토 라부아르(Le Bateau-Lavoir)처럼 어느 시대나 재능 있는 사람들이 서로를 키워주는 용광로 같은 공간이 존재했다. 천재들은 독불장군이 아니며 오히려 친구 사귀기를 좋아한다. 나는 이 같은 사람과 사람의 관계를 스타일과 스타일의 커뮤니케이션이라 보고 '스타일 간 커뮤니케이션'이라 부른다.

일류 선수는 세련된 기술을 여럿 갖고 있다. 하나하나가 연습을 거듭한 결과 얻어진 자신감 넘치는 주특기다. 여러 가지 기술을 통해 그 사람만의 독자적인 경기 스타일을 확립했다는 것이 그들이 훌륭한 이유다. 스타일이 있기 때문에 일류 선수는 승부에 강하다. 그래서 가령 신입사원이라면 경험이 부족한 만큼 우선은 '자신은 팀을 위해 무얼 할 수 있을지' 생각해야 한다. 예를 들어 밝은 얼굴과 목소리로 공간의 분위기를 밝게 하는 등 자진해서 경험을 쌓음으로써 자신의 스타일을 만들어낼 수 있다.

'바로 이것!'이라 말할 수 있는
자신만의 스타일을 획득하자

우리는 성장할수록 커뮤니케이션 능력이 떨어져서 고립되기 쉬운 경향이 있다. 그것은 자신의 '스타일'이 확립되지 못했기에 발산을 망설이기 때문이다. 스타일을 획득하는 것은 살아가는 데 힘이 되고 보람찬 인생을 만들어준다.

감당할 수 없다며
멈춰 서 있는 건 아닌가?

가속도

F=ma는 뉴턴의 운동방정식이다. F는 힘, m은 질량, a는 가속도(acceleration)로, '힘=질량×가속도'가 된다. 가속하려면 힘이 필요한데, 가령 그것이 등속직선운동이라면 가속한 후에는 힘이 0이어도 움직인다. 등속직선운동은 속도를 바꾸지 않고 직선상으로 나아가는 운동이다. 최초 1초 동안 1미터를 갔으면 다음 1초 동안에도 1미터를 간다. 가령 마찰(저항)이 없으면 처음에 힘을 가하면 이후엔 힘을 주지 않아도 같은 속도를 유지

할 수 있다.

우주 소행성 탐사선이 동전을 움직일 정도의 에너지만으로도 계속 날 수 있는 이유는 우주공간은 저항이 거의 없어서 가속하는 힘이 없어도 비행을 계속할 수 있기 때문이다.

가속하는 데 힘이 필요하다는 것은, 바꾸어 말하면 가속하지 않으면 힘이 필요하지 않다는 것과 같다. 최초에 힘을 가하기만 하면 된다고 생각하면 매사 처음이 중요하고, 그것을 유지하는 것은 그리 어렵지 않다는 의미가 된다.

F=ma를 일상에서도 활용할 수 있다. 입사해 처음 한 달은 힘들지만, 이후는 편해질 거라고 생각하면 실제로 그렇게 되는 경우가 많다. 그런데 왕왕 그 시기를 버티지 못하고 연수 기간 중에 그만두는 사람이 적지 않다. 연수 기간은 가속의 시기이므로 어쩔 수 없이 에너지가 필요하다. 그러나 언젠가 등속직선운동에 들어간다는 것을 알면 인내할 수 있다.

연애를 할 때도 인기 있는 사람과 가까워지려면 어지간해서는 상대의 마음을 움직일 수 없으므로(m이 크므로) 관심을 돌리게 하려면 더욱 큰 힘(F)이 필요하다. 나에게는 어떤 F가 있을까. 성실함일까, 돈의 힘일까, 커뮤니케이션력일까. 그런 생각을 하며 최초 몇 번의 데이트에 에너지를 집중해 사용한다. 거기서 제대로 힘을 발휘할 수 있으면, 그전만큼 가속하지 않고 에너지를 쓰지 않아도 충분히 등속직선운동으로 갈 수 있다.

마찰(저항)이 없으면 최초에 힘을 가하는 것만으로 계속 등속직선운동으로 갈 수 있지만 현실사회에서는 마찰이 0인 경우를 찾아보기 힘들다. 결혼을 한 후에는 많든, 적든 부부 사이에 마찰이 발생하기 마련인데 이를 개선하지 않고 방치하면 마이너스로 가속해 관계가 차가워진다. 지나치게 '관성의 법칙'에 의존하면 속도를 잃고 관계성이 악화되므로 마찰에 의한 약화를 고려해 재가속할 필요가 있다. 가족 여행을 하거나 회사라면 팀 회식을 하는 등의 방법으로 재가속하면 다시 등속직선운동으로 돌아갈 수 있다.

m이 가벼울 때는 작은 힘(F)으로도 움직일 수 있지만 무거운 것을 가속시키려면 에너지가 필요하다. 큰 문제를 변화시켜야 한다면 자신에겐 그 정도 큰 힘이 없다, 그런 힘을 낼 수 없다는 생각에 주저할 수 있다. 그럴 때는 작은 부분을 먼저 쌓아가는 식으로 생각을 바꿈으로써 해결할 수 있다.

철학자 르네 데카르트(René Descartes)는 어려운 문제 하나하나를 필요한 만큼 작은 부분으로 가능한 많이 분해하라고 말한다. 작은 부분으로 분해된 그 하나하나는 작은 힘으로 움직인다. 그것을 하나씩 쌓아 올리면 결과적으로 큰 것을 해결할 수 있다.

예를 들어 단독주택을 구입한다는 것은 보통 사람에게는 가당치 않은 큰일로 느껴진다. 그런데 '전화를 걸어 자료를 청구한다', '자료를 받아 현지를 방문한다', '현지에 가서 물건의 상태를 확인한다', '융자를 계산한다' 등으로 분할해서 생각하면 그 하나하나는 할 수 있을 것 같은 생각이 든다. 이는 '전체를 달성한다'는 막연한 목표가 아니라 구체적 목표로 분할함으로써 전체 목표를 달성해나가는 접근 방식이다.

마찬가지로 날마다 하는 일도 분할해서 생각하면 일이 즐거워지고 달성도도 높아진다. 오전 아홉 시부터 오후 여섯 시까지는 일, 이후는 사생활, 이렇게 대략 나누지 말고 학교 시간표처럼 하루를 여러 블록으로 나눈다. 나의 경우 대학의 수업 블록, 대학의 사무 블록, 집필 블록, 텔레비전 출연 블록 등으로 날마다 색깔을 달리해서 표시하고, 또 여가나 독서 시간 등의 자잘한 블록을 더해서 하루 스케줄을 짠다. 하루를 커다란 하나의 덩어리로 생각하면 어디부터 손을 대야 할지 당황하게 되는데, 하나하나 작은 블록으로 나누면 작은 힘으로 해결될 수 있다. 그것을 차곡차곡 쌓으면 하루가 끝났을 때 그날의 목표를 달성할 수 있다.

또 하나 중요한 것은 어디서 가속할지 생각해야 한다는 점이다. 예를 들어 역풍일 때는 가속을 해도 결과로 이어지지 않는다. 그러한 시기를 '지금은 힘을 저축해두는 때'로 받아들인다. 즉 힘들고 어려운 시기도 어물어물 흘려보내지 않는 것이 중요하다.

인생에 강약과 리듬을 설정하자

인생 단계가 바뀔 때는 가속도가 필요하다. 이때다 싶을 때는 단번에 일을 처리하고, 역풍 상태일 때는 가만히 힘을 비축한다. 성공한 사람은 노력의 속도에도 강약을 설정한다.

마음이 정체되어 있진 않은가?

몰입

일을 하다 보면 순탄치 않은 흐름이 느껴지거나 마음에 걸리는 것이 생길 때가 있다. 결과를 재촉받아 일의 과정이 즐겁지 않고, 좋아서 시작한 일인데 아무 느낌도 받지 못할 때도 있다.

이렇게 마음이 침체된 상태와는 대조적으로 날아온 공을 치는 것처럼 자연스러운 흐름 속에서 잘되는 게 있다. 바로 '몰입', 즉 플로(flow) 상태일 때다. '플로=흐름'이다.

심리학자 미하이 칙센트미하이(Mihaly Csikszentmihalyi)는 처음으로 이 몰입이라는 개념을 주장했다. 칙센트미하이는 자신이 가르치는 대학의 학생들 중 충분한 시간을 풋볼, 체스, 디스코댄스 등을 하면서 그 자체의 즐거움을 소비하는 사람들에게 인터뷰를 요청했다. 그리고 왜 그렇게 하는지 이유를 물었다.

인터뷰를 통해 이들에게서, 서로 다른 장르지만 그 자체가 즐거워서 그런 경험에 많은 시간과 수고를 들인다는 공통점을 찾았다.

칙센트미하이는 그 결과를 토대로 사람은 몰입 상태에 있을 때 최대한 능력을 발휘할 수 있으며 "즐거움은 어떤 일을 하느냐가 아니라 어떻게 하느냐에 좌우된다"고 결론 내렸다.

스포츠 선수는 어떤 경지에 이르렀을 때 '존(zone)에 들어갔다'는 표현을 한다. 이것 역시 플로, 즉 몰입으로 '하나의 상태에 몰입했기에 다른 무엇도 문제가 되지 않는 상태'다.

일상생활에서 우리는 자신의 기술에 비해 목표가 높을 때 스트레스와 불안을 느끼고 반대로 너무 낮은 도전을 할 때 따분함을 느낀다.

칙센트미하이는 《몰입의 즐거움(Finding Flow)》에서 "많은 사람에게 있어 평균적 하루는 번갈아 찾아오는 스트레스와 따분함의 연속인데, 양쪽 모두 기분 좋은 것은 아니다. 그러나 이것이 우리 생활의 대부분이고, 소비하는 시간의 대부분"이라고 말한다.

　너무 어려운 도전을 할 때는 흐름을 탈 수 없다. 반면 기술과 도전이 균형을 이루면 흐름을 탄 것처럼 무난하게 해낼 수 있다. 이처럼 기술과 도전이 균형을 이뤘을 때 몰입이 생겨난다. 그리고 기술과 도전이 균형을 이뤘을 때 활동하면 의식이 바뀌기 시작하면서 시간의 경과와 자아의 감각을 잃게 된다. 즉 몰입하는 상태가 된다. 이것이 바로 '플로=몰입' 상태다.

　게임을 생각하면 이해하기 쉽다. 너무 간단한 게임은 재미가 없다. 너무 어려우면 도전할 의욕이 생기지 않는다. 자신의 기술에 맞는 도전이면 집중력을 발휘하며 금세 게임에 빠져들게 된다. '심리적 에너지'가 100퍼센트, 즉 지금 마주하는 대상에 집중되는 상태, 망아(忘我)의 상태가 된다. 즐거워서 할 수 있는가는 과정 자체를 즐길 수 있느냐에 달렸다.

　다소 문제가 있는 일이어도 톱니바퀴가 착착 맞아 들어가는 기분이 들 때가 있다. 기술과 도전이 균형을 이룬 상태에서는 집중력이 생겨 일을 잘 처리할 수 있다. 그러면 다음 과제에 도전하게 되고 다시 바람직한 결과를 내는 긍정적 연쇄가 이루어진다. 게임에서도 잘 만들어진 게임에는 차례로 클리어하고 싶은 요소가 곳곳에 심어져 있다. 몰입의 감각을 유도하는 게임은 인기를 끈다.

몰입 체험을 할 때 사람은 자신의 능력을 최대한으로 발휘하고 심리적 에너지를 소비해가며 몰두한다. 그렇게 체험을 통해 능력을 향상시킴으로써 더 복잡한 과제에 도전하는 힘을 키우게 된다. 이는 게임에서 기량이 향상되는 것과 마찬가지 방식이다.

이를 반복함으로써 사람은 자신을 성장시킬 수 있다. 처음부터 결과만 생각하면 정체되므로 먼저 '흐름을 타는 것'이 중요하다.

칙센트미하이는 몇 세기 이전의 세계, 그중에서도 아시아에서는 무언가에 몰입하는 체험을 중시해왔다고 말한다.

예를 들어 힌두교 경전《바가바드기타》에는 신(神)이 왕자에게 말하는 장면이 나온다.

"정의의 싸움에 뛰어드는 것은 무사의 임무다. 자신의 임무를 다하는 것이 중요하지 성패를 문제 삼아선 안 된다. 네가 전력을 다해야 할 것은 행동이지 결과가 아니다."

결과를 의식하는 바람에 마음이 정체되지 않도록 하라는 조언이다.

몰입을 통해 즐기고 집중하자

몰입을 체험할 수 있으면 몰입을 통해 사소한 잡념과 고민이 의식에서 배제되고 타인의 평가를 의식하거나 걱정하지 않는 사람이 된다. 이들은 이런 체험을 통해 자신이 한 단계 성숙했다고 느낀다.

모순과 대립이 무서워
위축되어 있지는 않은가?

변증법

우리는 가능한 한 모순과 대립을 피하면서 모두가 납득할 만한 방향으로 일을 처리하려고 한다. 그에 비해 서양 문화의 기본에는 모순과 대립이 힘의 원천이라는 생각이 있다. 모순이 있기 때문에 다음 단계, 다음 차원으로 갈 수 있다는 사고방식이 변증법(독일어로 Dialektik)이다. 변증법이라고 하면 이해하기 어려운데 일종의 대화술, 문답술이라고 생각하면 친숙한 느낌이 들 것이다.

예를 들어 A가 "나는 빵을 좋아해서 빵만 있으면 살 수 있다"고 주장하면 B가 "빵만으로는 영양소를 골고루 섭취할 수 없다"며 A의 주장을 부정한다. 그래서 대화를 더 진전시켜 "샌드위치를 만들면 빵도 먹을 수 있고 영양도 적당히 섭취할 수 있다"는 결론에 이른다. 이처럼 토론을 통해 높은 차원의 결론을 이끌어내는 방법론이 변증법이다.

변증법은 '테제(These, 正)', '안티테제(Antithese, 反)', '진테제(Synthese, 合), 즉 '정→반→합'으로 이루어진다.

빵의 예로 말하면 A의 주장이 '테제=정'이고, 이것과 모순되거나 혹은 이것을 부정하는 B의 주장이 '안티테제=반'이다. 모든 것은 대립으로 연결되는데, 서로 대립하는 두 가지 관계에서 정(正)도, 반(反)도 버리지 않고 종합하여 '합=진테제'라는 해결법을 찾는다. A의 '정'의 입장도 B의 '반'의 입장도 보류하지 않고 한 단계 높은 차원으로 '(대립을 멈추고) 끌어올리는 것'이므로 이것을 '지양(止揚)=아우프헤벤(Aufheben)'이라고 한다.

철학자 헤겔(G. W. Hegel)은 인간의 지식이나 인식뿐 아니라 역사와 사회의 실상도 '정→반→합'에 의해 이상적 상태에 다가간다고 주장했다. 고대에서 중세, 절대왕정에서 공화제라는 흐름도 모순을 극복한 과정이며, 헌법을 기초로 한 근대국가도 다양한 모순을 극복해 사회의식이 발달한 결과다. 인류의 역사는 그처럼 모순을 극복한 역사라는 헤겔의 역사관은 납득할 만하다.

대학 때 한 친구와 토론하기를 즐겼는데 그 친구와는 사이도 좋았고 읽는 책도 비슷해서 토론을 시작하면 금방 의견이 일치했다. 이대로는 토론이 깊어질 수 없다고 생각한 나는 의식적으로 친구와 반대되는 의견을 말했다. 그랬더니 토론이 격해졌고 "너희들, 제발 말싸움 좀 그만해" 하고 말리는 친구까지 있었다. 나와 그 친구는 '대화적 게임'을 했던 것이다.

철학자 위르겐 하버마스(Jürgen Habermas)는 '진리'는 절대적으로 존재하는 것이 아니라 이성적 대화 속에서 파악되는 것이므로 진지한 대화를 통해 현대사회의 여러 문제에 대한 해결법을 합의로 이끌어낼 수 있다고 했다. 서로 존중하고, 열린 형태로 비판하며, 대화로 이해하고 합의하는 것, 이를 '대화적 이성'이라 부른다.

플라톤의《소크라테스의 변명(Apologia Sōkratēs)》에서 보면 소크라테스는 아테네 시민을 상대로 문답을 하는데 그 때문에 세상을 혼란하게 만든다는 죄목으로 고소당하고 사형선고를 받는다. 그러나 소크라테스는 문답으로 사람들을 화나게 만들려 한 것이 아니다. '문답'과 '대화'로 상대의 생각과 자신의 생각에서 '접점'을 발견해 생각과 처지가 다른 사람들과 '함께'하려 했다. 소크라테스는 '대화적 이성'을 실천한 것이다.

모순과 문제점이 있을 때 이를 통합하면서 더 높은 차원의 세계로 나아갈 수 있다는 것이 변증법이다. 하지만 그 과정이 자동적으로 이루어지진 않는다. 우리가 서로 지혜를 발휘해 지양(止揚)해야 한다.

반론하는 것이 토론의 기본이라고 생각하는 서양인들에겐 반론하는 습관이 단련되어 있다. 주입식 교육을 받아온 우리에겐 대체로 이렇게 치열하게 반론하는 풍경이 낯설게 느껴지기도 한다.

예를 들어 회의에서 A를 주장하는 사람에게 정면으로 B라는 의견을 말하며 맞서는 사람은 그리 많지 않다. 오히려 대립과 모순을 꺼려 B라는 사람이 낸 반론을 보고도 못 본 척한다. 풍파를 일으켜 인간관계를 깨뜨리고 싶지 않기 때문이다. 혹은 괜히 나섰다가 좋지 않은 이야기를 들을지 몰라 조심스럽기 때문이다.

그러나 변증법적 개념에서 보면 이런 태도는 생산적이지 않다. 안티테제, 즉 반대 의견을 제시하고 그것을 극복하는 아이디어를 찾을 수 있다면 창조적 행위가 된다. 관점이 대치되었다 해도 모순과 대립을 극복하고 새로운 아이디어를 얻어야 한다. 이렇게 된다면 그야말로 노 사이드(No side: 럭비에서 시합

중에는 경쟁 상대였지만 시합 종료 후에는 편 가름 없이 친구가 된다는 의미)로, 축복할 공간이 된다. 그러니 새로운 발상을 가져다주는 안티테제에 감사한 일이다.

대립을 극복하고 창조적 관계를 만들자

일방적으로 자신의 생각만 말해서는 대화가 되지 않는다. 대화란 상대의 이야기를 듣고, 그 이야기를 통해 깨달음을 얻으면서 좋은 것은 받아들이는 행위다. 이런 변증법적 방식을 실천할 수 있을 때 바로 그 자리에서 서로에게 새로운 의미가 생겨난다.

정신적 압박에 약해서
포기하진 않는가?

담력

소심하고 민감한 성격인 사람일수록 '담력 있는 사람'을 동경한다. 아무리 부러워도 그런 사람으로 다시 태어나기는 어려운 일이다.

소심하고 민감한 사람은 평생 압박감에 굴복하며 살아야 할까. 그렇지 않다. 강한 정신, 꺾이지 않는 마음을 '담력(膽力)'이라고 하는데, 나는 어떤 성격을 가진 사람이든 정신적 압박에 강해질 수 있다고 생각한다.

나는 선생님이 되려는 학생에게 "승부할 때 제대로 승부하라"고 충고한다. 임용 고시, 특히 사회과는 '좁은 문'이다. 이 문을 통과하려면 에너지와 시간을 대량으로 쏟아부어 승부해야 한다. 더는 물러설 곳이 없다는 생각으로 집중해 매일 최선을 다해 공부해야 한다. 그렇게 하지 못하는 학생들도 많지만 개중에는 목표를 달성하는 학생도 있다.

열심히 하지 않는 학생을 보면 진심으로 승부를 걸지 않는 듯하다. 그들이 자신에게 거는 것이 너무 적다는 느낌을 받게 된다. 이는 인생의 큰 승부인 만큼 모든 재산을 걸어야 한다. 전 재산을 걸고 나면 진지하게 승부하겠다고 각오하지 않을 수 없다. '이기면 좋겠다'가 아니라 '반드시 이긴다'는 생각이 필요하다.

승부할 타이밍에 최대한 집중력을 발휘하는 경험을 인생에서 한 번은 체험해야 한다. 요소요소에서 질 높은 시간을 보내는 사람은, 가령 목표를 달성하지 못한다 해도 자신감이 자산으로 남는다. 정면 승부를 피하며 어중간한 자신감을 내보이다가는 기회가 와도 그 기회를 붙잡을 엄두를 내지 못한다.

당신이 쏟아부은 시간과 에너지는 배신하지 않는다. 집중력을 대량으로 쏟으면 사태는 바뀌게 되어 있으며, 당장에 바뀌지 않는다 해도 반드시 자신에게 유리한 국면이 펼쳐진다는 믿음과 담력을 선사한다.

담력을 얻으려면 먼저 자기 안에 확고한 자신감과 굳건한 중심축을 가져야 한다. 진심으로 승부한 경험을 통해 정수를 맛봄으로써 '나는 나!'라는 확고한 자신감을 가질 수 있어야 한다.

담력은 하나의 기술이므로 이 또한 습득이 가능하며 스스로 만들어 나갈 수 있다. 어른이 된다는 것은 차츰 정신적으로 강해지는 것이며, 나약한 정신으로는 언제까지나 어린애처럼 살 수밖에 없다.

직장에서도 상사에게 주의를 듣거나 고객의 클레임을 받았다고 해서 "난 안 돼" 하며 낙담하는 것으로 끝난다면 성장할 수 없다. 어른은 성숙한 존재다. 성숙하다는 것은 허둥대지 않는 것이며, 허둥대지 않는다는 것은 주위를 돌아볼 여유가 있고 정신도 튼튼하다는 것을 말한다.

정신적 압박을 동반하는 큰일을 할 때, 혹은 예기치 못한 문제와 맞닥뜨렸을 때 정신력이 강하지 않으면 극복할 수 없다. 육상 선수들을 영광으로 이끈 행동심리학자 짐 로허(Jim Loehr)는 《멘털리 터프(Mentaly Tough)》에서 동양의 신체 기법을 응용한 멘털 트레이닝법을 설명한다. 이는 어려운 상황에 부딪쳤을 때 스트레스에 적절히 대처하기 위해 '강하고 부드러운 마음'을 만드는 기법이다.

도스토옙스키는 《죽음의 집의 기록》에서 "인간은 모든 것에 익숙해질 수 있는 동물"이라고 말한다. 아무리 놀랄 만한 일을 겪어도 익숙해진 후에 놀라지 않게 된다. 그렇게 하려면 최초의 체험에서 정면 승부를 했느냐가 중요하다. 어중간한 체험으로는 꺾이지 않는 마음을 만들 수 없다. 전력을 다해 체험하고 그것이 경험치가 되어야 비로소 담력이 단련된다.

처음 잡지 연재를 시작할 때의 일이다. 지면을 새로 단장한다는 이유로 갑자기 연재를 종료하겠다는 통보를 받고 '새 단장'이란 연재를 중단하는 뜻이란 걸 알게 되었다. 계속되는 이야깃거리를 준비했던 나는 다소 충격을 받았다. 그러나 편집부가 정하는 일은 내가 조정할 수 있는 일은 범위 밖이었기에 깨끗이 받아들이는 수밖에 없었다.

담력을 단련하는 포인트는 단순 명쾌함에 있다. 자신의 힘이 미치는 범위인지 확인하고, 조정할 수 있는 범위에서는 전력을 다해 노력하고 승부한다. 그렇게 최선을 다한 후에는 하늘에 맡긴다.

움츠러들지 말고 세상에 자신을 드러내보자

부정적 지적을 받으면 마음이 움츠러들게 마련이다. 하지만 자신을 세상에 드러내는 것에 익숙해지면 어떤 비판을 받아도 아무렇지도 않다. 중요한 것은 자신을 드러낼 자리를 만들어 나가는 것이다. 그것이 바로 정면 승부로, 이를 통해 담력을 단련할 수 있다.

소리 내어 읽는 전통을
계승하고 있는가?

소독

데라코야(寺子屋: 서당과 비슷한 일본 에도시대의 초등 교육기관)에서는 선생님을 따라 학생들이 "공자 왈…" 하고 《논어》를 읽는다. 이 소독(素讀: 의미를 생각하지 않고 소리 내어 읽는 음독법의 하나)은 에도시대의 공부법으로 여러 번 소리 내어 읽고 몸으로 기억하도록 하는 것이 목적이다. 언뜻 비효율적이라 느낄지 모르지만 문장을 눈으로 보고, 귀로 듣고, 소리 내면서 몸에 밴 내용은 눈으로만 읽고 외운 것보다 몸과 마음에 깊이 새겨진다.

초등학생을 가르쳐보면 알 수 있는데, 세세한 해석을 주입하기보다 대략적 의미를 알려주고 어려워도 일단 소리 내어 읽게 하면 습득이 빠르다.

소리 내어 읽는 음독(音讀)의 장점은 글자를 따라가며 읽기 때문에 어렵다고 생각되는 문장도 기억에 남는다는 것이다. 눈으로만 읽는 묵독(默讀)을 할 때는 문장을 건너뛰며 읽거나 한자를 읽지 못해도 얼버무릴 수 있지만 음독은 그럴 수 없다.

두뇌 단련법에 관한 책을 많이 써온 뇌과학자 가와시마 류타(川島隆太)는 소리 내어 읽는 소독에 관해 이렇게 분석했다.

"묵독을 할 때는 글자를 보고 시각으로 기억해서 거기에 쓰여 있는 의미를 이해한다. 반면 소리 내어 읽을 때는 이해한 문장의 정보를 소리로 변환한다, 입을 움직인다, 숨을 쉰다, 자신의 목소리를 귀로 듣는다 하는 식으로 이중, 삼중의 기능이 작용하기 때문에 그만큼 뇌 활동이 활발해진다."

에도시대에는 어려운 한자를 공부할 때, 초등학생에 해당하는 어린이들이 선생님을 따라 한자음을 복창했다. 의미를 몰라도 일단 반복하는 것이 '소독'이라고 하는 사람들이 있는데 그렇지 않다. 에도시대에 출판된 책을 보면 그림이 들어가 있거나 어구에 대한 설명이 있어서 의미를 헤아릴 수 있도록 편집되어 있다.

사상가 가라키 준조(唐木順三)는《현대사에 대한 시도(現代史への試み)》에서 메이지 시대(明治, 1868~1912)의 문학가들을 '소독 세대(素讀世代)'라 평한다. 나쓰메 소세키, 모리 오가이(森鴎外), 고다 로한(幸田露伴) 같은 작가들은 소독을 통해 몸으로 일본어를 배운 세대다. 이들은 유교를《논어》의 소독으로 배우는 등 어릴 적부터 철저히 소독을 훈련해서 일본어를 습득하고 정신을 만들어갔다.

《논어》에는 2500년 전 공자의 정신이 담겨 있어서 그것을 음독, 소독하는 것으로 공자의 정신이 몸에 새겨진다. 나쓰메 소세키의 작품을 음독하면 소세키의 정신이 몸에 스며든다. 그중 압권은《성서》다. 하느님의 백성 이스라엘 사람들은 오래전부터 '하느님의 말'을 낭독하고, 소독했다. 흥얼거리고, 외우고, 읽어서 들려주고, 노래하고, 입으로 고백해왔다. 그렇게 해서《성서》의 정신, 그리스도교의 정신을 공유한다. 정신을 공유하는 방법이 있을 때 그 정신은 강화된다. 이스라엘 민족의 강인함은 여기서 비롯되었다.

이슬람교 경전《코란》은 소독으로밖에 이해할 수 없다고 해도 과언이 아니다. 이슬람학자 이즈쓰 도시히코(井筒俊彦)는 《코란》에 대해서 "그 어떤 경전 이상으로 현저하게 시각적이고 청각적이다. 코란은 구석구석 시각적 이미지로 가득하다.

소리 내어 읽으면 순식간에 높고 쟁쟁하게 울려 퍼지는 신기한 울림을 품고 있다"라고 썼다. 코란은 일종의 노래처럼, 시처럼 음독 · 음송함으로써 신비하고 매력적으로 기분이 좋아지게 한다. 의미만 간파하려 해도 진짜 의미는 알 수가 없다.

소독을 실천하면서 마음의 양식을 축적하자

우리는 정신을 살찌게 할 식량을 갖고 있을까? 그렇게 하기 위한 구체적 방법을 실천하고 있을까. 현대에는 정신적으로 나약한 사람들이 도처에 존재한다. 소독을 통해 양서에 새겨진 정신을 몸과 마음에 기억함으로써 기분이 안정되고, 매일 감정이 오르락내리락해서 고민하는 일이 적어진다.

지금이라는 때(時)에
충실하게 살고 있을까?

마인드풀니스

최근 들어 '마인드풀니스(mindfulness)'라는 말을 자주 듣는다. 매사추세츠 의대 명예교수 존 카밧진(Jon Kabat-Zinn)은 이 개념을 쓴 대표 주자다.

　이 마인드풀니스라는 말은 본디 팔리어(Pali: 중기 인도·아리아 언어의 하나)에서 쓰는 사티(sati)라는 불교 용어에서 비롯되었다.

　"지금 이 순간 일어난 것을 알아차려 더는 불필요한 판단을 하지 않고, 인생 전부가 걸린 것처럼 진지하게 의식하며 주의를 기울인다."

이것이 마인드풀니스다. 이렇게 하면 두루 감각이 미치는 각성한 상태가 된다. 각성이라는 말에서 흔히 각성제를 떠올리는데, 각성은 멍하니 있지 않고 감각과 지각이 열려 있는 바람직한 상태를 말한다. 한순간에 전력을 기울이는 마인드풀니스를 '자각', '집중'으로 바꿔 말할 수 있는데, 반대말은 마인드리스니스(mindlessness)다. 이는 사려 없음, 주의 산만, 집중력 결여 등으로 풀이할 수 있다.

마인드풀니스, 즉 감각과 지각의 각성 상태를 만들 때 효과적인 방법 중 하나가 명상이다. 명상은 인도를 중심으로 세상에 널리 알려졌는데, 무언가에 마음을 집중하는 행위, 마음을 조용하고 무심하게 만들기, 눈을 감은 채 깊고 조용히 생각하기 등을 말한다. 요가도 명상법 가운데 하나다.

마인풀니스 명상을 통한 뇌 트레이닝으로 집중력을 단련할 수 있다. 복식호흡에 숙달되면 평소보다 호흡을 의식하면서 명상 후에도 오랫동안 '집중 상태'로 있는 것이 가능해진다. 마인드풀니스 상태, 즉 자각 상태에 있을 때는 주위에서 일어나는 일에 의식을 완전히 집중할 수 있다.

요즘은 미국의 대학 등에서도 마인드풀니스 수업이 이루

어진다. 종래의 명상은 종교적 느낌이 강해 대학 강의에는 잘 어울리지 않았다. 종교색을 줄이고 실천적 콘셉트로 이미지를 바꾸자 대학과 기업에서도 명상을 도입하기 시작했다.

명상, 마인드풀니스라는 말에서는 종교적·영적 이미지가 풍긴다. 물론 그 기원은 불교지만 뇌과학 관점에서 명상에 합리적 이점이 있다는 것이 밝혀지면서 미국 기업에서는 적극적으로 마인드풀니스를 도입하고 있다. 사회적·경제적 이익이 있다고 판단한 것이다.

"지금이라는 시간을 살자", "지금이라는 순간을 적극적으로 맛보자"는 마인드풀니스의 취지에서 생각할 때 선(禪)도 마인드풀니스 방법 가운데 하나다.

선에는 전후제단(前後際斷)이라는 말이 있다. 쉽게 말해 "과거를 돌아보지 마라, 미래를 걱정 마라, 지금을 생각하라, 지금을 살라"는 의미다. 과거에 얽매여 있는 사람은 지금을 살지 않는다. 장래를 걱정하는 사람도 마찬가지다.

지금 숨을 쉬고 있으니까 당연히 지금을 살고 있다고 생각하지는 않는가? 하지만 우리는 과거에 대한 후회와 장래에 대한 불안에 지배받기 쉬운 존재다. 자신도 모르게 '실패하면 어쩌지', '이렇게 잘될 리가 없잖아. 늘 그랬던 것처럼 앞으로도 힘들 거야' 하는 생각이 드는 건 마인드풀니스적 사고방식이 아니다.

존 카밧진은 《마음챙김 명상과 자기치유(Full Catastrophie Living)》에서 시간의 구속에서 해방되라고 말한다. 그러려면 네 가지 방법이 필요하다.

첫째, 무엇이 필요한지를 확인한다, 둘째, 현재라는 시간 속에서 산다, 셋째, 명상을 한다, 넷째, 생활을 단순화한다.

이러한 항목의 마지막에는 한 저널리스트가 간디에게 질문하는 장면이 인용되어 있다.

"당신은 거의 50여 년을 하루에 적어도 열다섯 시간 이상 일하지 않았습니까? 이제 쉬어도 좋을 시간 아닌가요?"

그러자 간디가 이렇게 말했다.

"아뇨, 난 언제나 휴가 중입니다."

이 에피소드에 대해 존 카밧진은 다음과 같이 결론짓는다.

"원래 휴식(vacation)이라는 말은 '아무것도 없다', '비어 있다'는 의미다. 늘 현재라는 시간 안에서만 존재할 수 있으면 시간의 구속에서 벗어나 모든 시간을 자신의 것으로 함으로써 충실한 인생을 보낼 수 있다."

마인드풀니스를 통해 건전하고
안정된 마음을 갖자

마인드풀니스를 함으로써 몸과 의식에 민감해지고 스트레스에 강해진다. 또 이런 상태는 집중력 지속과 기억력 향상, 결단력 배양에도 도움이 된다. 이를 통해 타인을 배려하는 마음까지도 한껏 커진다.

통과의례가 진부한 의식이라고
생각하진 않는가?

통과의례

번지점프는 남태평양 바누아트공화국의 '나골(nagol)'이라는 의식을 기원으로 한다. 그곳에서는 성인 남성으로 인정받으려면 반드시 위험한 점프를 해야 한다. 문명화되지 않은 공동체에서는 번지점프, 할례, 문신, 맹수 사냥 등 신체적 고통과 위험을 동반하는 의식에 참가하는 것이 성인으로서의 능력과 각오를 표현하는 과정이 되어 있다. 이를 통과의례(rites de passage)라고 한다.

이 통과의례는 인류학자 아놀드 반 게넵(Arnold van Gennep)이 제안한 개념이다. 그는 통과의례를 출생, 성인, 죽음 등 "공동체에 속하는 개인이 어떤 상태에서 다른 상태로 이행할 때 기독교의 세례와 마찬가지로 통과를 위해 행하는 특별한 의례"라고 설명한다.

어린이는 통과의례를 경험한 후 어른으로 대우받는데, 현대사회에서는 신체적 고통이나 위험을 문제시하는 사람들의 의식과 사회구조 등의 변화로 통과의례 의식이 많이 사라졌다.

통과의례가 적어짐에 따라 지금의 사회에서는 성인과 어린이의 경계가 모호해졌다. 그러나 현대판 통과의례도 꽤 있다. 대학 입시가 그 대표적 예다. 학생 수가 많이 줄었다고는 하지만 여전히 입시는 전쟁이나 마찬가지다. 입시가 어른이 되기 위한 통과의례가 된 것이다.

또한 결혼을 많이 하던 시기에는 주위 사람들 대부분이 결혼을 했으니 결혼을 통과의례라고 생각하지 않았다. 하지만 결혼하지 않는 사람들이 점점 많아지는 시대가 됨에 따라 오히려 결혼의 통과의례로서의 측면이 강조된다.

통과의례는 사회가 강제하는 측면이 있는데 그것은 바람직하지 않다. 혹은 압력 없는 사회가 이상적이라는 이유로 통과의례를 소홀히 하는 풍조가 있는데 그 또한 생각해볼 여지가 있다. 통과의례는 그것을 극복한 덕분에 어른이 된다는 의미가 있으므로 그 의의를 소중히 해야 한다.

입시 공부뿐 아니라 방과 후 동아리 활동을 열심히 하는 것도 일종의 통과의례를 위해서다. 신입사원들은 처음 회사에 들어와 3년 정도가 무척 힘들었다고 말한다. 입사 3년차 시절은 사회인이 되기 위한 통과의례 시기가 된다.

대학 졸업 후에도 어떤 조직에도 소속되지 않고 시간을 보내는 사람은 어딘가 붕 떠 있는 것처럼 안정감이 없어 보인다. 통과의례를 경험하지 않고 20대를 흘려보내면 30대가 되어서야 커다란 위기에에 직면하는 경우도 적지 않다.

마나베 쇼헤이(真鍋昌平)의 만화《사채꾼 우시지마(闇金ウシジマくん)》에는 매일 '우울 블로그'를 쓰는 35세 프리터(아르바이트로 생계를 유지하는 청년층) 우쓰이가 등장한다. 그는 부모님과 함께 살면서 용돈을 받지만 때론 부모님께 화를 내기도 한다. 빚이 늘어나는데도 도박을 끊지 못한 그는 급기야 노숙자가 되고, 이곳저곳 떠돌다가 어머니가 병으로 쓰러진 후에야 자기 힘으로 빚을 갚겠다고 결심한다. 이 이야기는 자신의 주체성을 만들어가는 모습을 보여주는 자기 형성(自己形成) 소설이다.

자기 형성 소설이라고 하면 로맹 롤랑(Romain Rolland)의《장 크리스토프(Jean Christophe)》가 떠오른다. 이는 가난한 음악가 집안에서 태어난 주인공 장 크리스토프가 인간으로서, 예술가로서 불굴의 기백을 갖고 진실을 추구해나가는 이야기다.

학생들과 함께 이 소설을 읽고 어른이 되는 과정에서 거쳐야 하는 단계에 대해 토론해본 적이 있다. 혼자 생활한 적이 있는가, 이성과 교제한 적이 있는가, 일을 해본 적이 있는가 등등 열 단계 정도 열거하고 자신이 몇 단계에 해당하는지 확인해 리스트를 만들었다. 학생들은 이 리스트를 통해 최근 3년간 자신은 통과의례를 겪어야 할 상황을 계속 피해만 왔다며 스스로를 돌아보았다.

스스로 통과의례를 설정하고 도전하라

타오르는 불길 앞에서 온 마음을 다해 바람을 기원하는 호마(護摩)라는 수행이 있다. 이런 수행을 하는 마음가짐으로 통과의례를 자신을 다음 단계로 향상시키는 수행이라 생각하고 극복한다면 강한 정신을 가질 수 있다.

지나치면 미치지 못하는 것과
같다고 생각하는가?

과잉성

공자는 과유불급(過猶不及)이라고 말한다. "지나치면 오히려 미치지 못하는 것과 같다"는 뜻이다. 지나친 것이 좋지 않다는 말은 말 그대로, 중용이 가장 좋다는 뜻이다. 그러나 인생 전체를 보았을 때, 특히 젊을 적에는 조금은 지나쳐도 상관이 없다.

과음을 해봐야 비로소 주량을 가늠할 수 있다. 밤새 놀아봐야 무리하게 놀면 좋지 않다는 걸 알 수 있다. 죽을 만큼 과로를 해봐야 휴식 없이 일하면 몸이 망가진다는 걸 깨달을 수 있다.

'지나치게 해봐야 비로소 적정선의 감각을 파악'할 수 있는 것이다.

그런데 지금은 무엇이든 지나치게 하기 전에 미리 자제하는 풍조다. 마치 밥그릇이 차지 않도록 적게 밥을 담는 느낌이다. 나는 온몸에서 넘치는 에너지를 좀 더 밖으로 꺼내보자고 제안한다.

예를 들어 영어 선생님이 되고 싶다는 학생들에게 영어로 어느 정도 글을 쓸 수 있느냐고 물으면 고작해야 A4 용지 한 장 정도라고 대답한다. 나는 좀 더 해보면 자신감이 붙을 테니 열 장 정도 써보라고 제안한다. 조금 벅차다는 느낌이 들기도 하겠지만 사진을 넣어도 되고, 좋아하는 주제에 대해 쓰는 것도 하나의 방법일 것이다.

그러자 어느 선술집 체인점을 좋아하는 학생은 그곳 메뉴에 대해 영어로 글을 쓰기 시작했고 순식간에 열 장을 채웠다. 여러 드라마를 비교하는 내용으로 주제를 바꾼 학생도 영어로 술술 쓸 수 있었다.

책도 그렇다. 일주일 동안 다섯 권을 읽으라고 하면 학생들은 기겁을 한다. 그런데 실제 해보면 의외로 어렵지 않아서 다섯 권 읽는 것이 당연한 일이 되어버린다. 사실은 '지나친 정도가 적당'한 것이다.

한 대형 출판사 채용 시험에서는 기획서를 작성해 가져오라는 과제를 주었다. 지원자들은 대부분 서너 건을 작성해서 가지고 왔다. 그런데 한 학생은 50개나 되는 기획서를 가져왔고 결국 노력을 인정받고 채용되었다. 때론 과잉(excès)의 에너지가 사람의 마음을 끌 때가 있다.

도스토옙스키의 소설에 등장하는 인물들은 하나같이 과잉형 인간이다. 나는 도스토옙스키 작품에 나오는 과잉형 인간의 에너지를 전수하고 싶은 마음에서 《과잉형 인간(過剰な人)》이라는 책을 낸 적이 있다. 도스토옙스키 소설의 등장인물은 지나칠 정도도 말이 많거나, 지나치게 콤플렉스가 심하거나, 지나치게 성실하거나, 지나치게 여자를 탐하기도 한다. 좋은 면에서든 나쁜 면에서든 과한 인물이 많이 나온다. 과잉형 인간의 견본 시장이라 할 만하다. 무엇보다 도스토옙스키라는 작가 자신이 정치운동을 하다 시베리아에 보내졌고, 도박에 열광했으며, 애인에 지나치게 집착하는 등 '과잉된 열정을 불살랐던 잡탕남'이었다.

이 정도까지 과잉은 아니어도 '지나치면 좋지 않으니 삼가거나 하지 말자' 하며 스스로 규제하는 일은 없기를 바란다.

도쿄를 중심으로 한 간토 지역 사람들에게는 간사이 지역 오사카인들이 과잉형으로 보인다. 그들은 말 많고, 잘못을 보는 즉시 지적을 하며, 무슨 일에는 사람을 끌어들여 분위기를 띄우려고 한다. 개그를 할 때도 거침없이 밀고 들어오기 때문에 활기가 있다. 음식에 비유하면 지나치게 많이 뿌린 소스 같은 느낌이랄까. 건강을 위해서는 약간 부족한 정도가 좋지만 사회가 활기를 띠기 위해서는 누군가의 과잉도 조금씩 필요하다.

지나침을 걱정 말고 좀 더 의욕적으로 행동하자

과잉형 인간들은 함께하기에는 부담스러운 면이 있다. 하지만 인간이 에너지를 잃어가고 있는 지금과 같은 시대에는 이런 '특징'을 경험하는 것도 필요하다. 더 많은 에너지를 발산하며 적극적으로 행동하도록 노력하자.

나의 이익만 추구하진 않는가?

미의식

2008년, 서브프라임 모기지(비우량 주택담보대출) 사태로 촉발된 국제 금융회사 리먼 브라더스의 파산으로 세계 금융은 위기를 겪었다. 서브프라임은 금융공학 천재들이 만든 금융 상품으로, 우려의 시선을 받으며 전 세계에서 돈을 끌어모으더니 결국 한순간에 폭발해버렸다.

　이 사태로 이익을 본 사람은 승자라고 할 수 있을까. 그들은 번 돈을 돌려주지 않는다. 법률 위반은 아닐지 모르지만 그들에겐 과연 '미의식(美意識)'이라는 게 있는 걸까. 자신만 이익을 보면 그 때문에 막대한 피해를 입는 사람이 아무리 많아도 그만인 걸까. 그렇다고 대답할 수 있는 사람은 드물 것이다.

미의식은 개개인의 삶의 가치를 정하는 것이라 할 수 있다. 격변하는 세상에서 미의식을 갖고 있는지, 아름답게 살 수 있는 감각이 있는지 하는 문제는 다시금 중요한 가치로 부각되고 있다.

미의식을 가지고 사는 것은 매우 중요하다. 돈을 위해서라면 어떤 방식이든 상관없다고 생각하거나, 일하지 않고 돈을 벌어야 최고라고 생각하는 태도가 버블 경제를 초래했다. 노력 없이 돈을 버는 방법이 있다고 우리 모두 착각한 것이다.

은행 대출을 밑천 삼아 부동산을 굴리고 3억 아파트를 10억에 판 후 매매 차익을 얻는다. 이것이 버블 경제가 굴러가는 전형적 방식이었다. 금전적 불량 채권이 정신도 불량 채권을 만들어버린다. 이렇게 해서 성실하게 일하면 손해를 본다는 생각이 사회 전반에 깔리게 되었다. 미의식의 결여가 생겨난 것이다.

미의식이란 무엇인가를 생각해보자. 가령 공중도덕에 어긋나기 때문에 길바닥에 침을 뱉지 않는 것이 아니라, 자신의 미의식에 어긋나기 때문에 침을 뱉지 않는다고 할 때 진정한 미의식이자 윤리가 된다.

인생에서 미의식을 갖고 있느냐는 질문을 받았을 때 분명하게 말할 수 있는 게 없는 사람이라면 자기 나름대로 키워드를 만드는 것이 좋다. '착실함'이 키워드라면 '평생 착실하게 산다'를 신조로 하는 것이다. 화려한 삶도 좋을지 모르지만 자신은 수수하게 살겠다고 생활 신조를 정하자. 자신의 기질에 적합한 미의식이어야만 오래 지속될 수 있다. 또한 자신과 삶의 가치관이 비슷한 사람과 자주 어울리는 것도 좋은 방법이다.

판화가 무나카타 시코(棟方志功)는 고흐의 그림을 보면서 자신은 고흐가 되겠다고 결심했다. 자신의 미의식과 일치하는 사람을 발견해 그 뒤를 따라가면 자신의 방향성이 보인다.

이익보다 자신의 미의식에 합당한 삶을 우선으로 생각하자

미의식이란 자기 나름대로 삶의 규칙을 정하게 해준다. 이익보다 미학을 관철하는 사람을 선각자로 여기고 모방함으로써 자신의 방향성을 찾는 데 도움받을 수 있다. 세상의 시선에는 신경 쓰지 말고 자기 나름대로 삶의 원리와 원칙을 확립해 그에 맞게 살아가자.

남들과 함께 행동해야만
안심이 되는가?

단독자

키르케고르는《죽음에 이르는 병》에서 기독교적 신 앞에 홀로 마주하는 자를 '단독자(Der Einzelne)'라고 불렀다.

　나는 내 강연 계획서의 강연 제목을 '단독자로서 문을 두드려라'라고 썼다. 단짝 친구하고만 수업에 들어오고, 그 친구와 대화하고, 토론 때도 그 친구와 떨어지지 못하는 학생이 있다. 그런 사람은 실력을 키울 기회를 얻기 어렵다.

　혼자 행동해야만 비로소 알게 되는 것이 있다. 친구는 당연히 필요하지만 수업을 들을 때는 친구에 대한 집착을 버리자. 단독자로서 듣는 감각이 없으면 수업에 몰두하기 힘들어진다. 가령 4인 1조로 토론할 때 세 명이 친구 사이라 같이 행동하는 데 거기에 모르는 학생이 한 명 들어가면 제대로 된 토론이 이루어지지 않는다.

늘 함께하는 것이 버릇이 된 사람은 자신을 성장시킬 기회를 잃어버린다. 심지어 누군가와 함께 행동해야만 '안심'이 된다고 느끼는 사람에게는 위험한 면도 있다. 왜 다른 사람과 같이 하지 않으면 불안을 느끼는지 스스로에게 물어볼 필요가 있다.

이렇게 말할 수 있는 것은 내게도 '암흑의 10년'이 있었기 때문이다. 대학 입시에 실패한 열여덟 살 때부터 대학에서 일자리를 얻을 때까지가 내게는 고독의 시간이었다. 그러나 이 시기에 질적으로나 양적으로 이 나라에서 나보다 더 많이 공부한 사람은 없다는 자신감을 가지고 열심히 공부했다. 나는 사교적 사람이지만 혼자 일할 때가 많았다. 뭔가를 이루려고 하면 단독자가 되어 자신을 단련하는 것이 반드시 필요하다는 사실을 깨달았기 때문이다.

《차라투스트라는 이렇게 말했다(Also Sprach Zarathustra)》는 단독자를 권하는 책으로 보아도 좋다. 니체의 이 책은 "이것은 나의 길이다. 그럼 당신들의 길은 어디 있을까. 만인의 길은 없으니 단독자가 되어라. 한 번은 강한 바람이 부는 곳에 홀로 서보아라. 그럼 자신이 강해진다"라고 말한다.

자신과 마주하고, 자신의 나약함과 마주해 스스로 결단을 내려야만 인간은 강해진다. 여럿이 결정을 하는 바람에 왕왕 아무도 책임지지 않는 시스템이 되어버릴 경우가 있다. 그러면 앞사람이 결정했으니 무조건 답습하자는 식이 된다.

'단독으로 행동할 수 있는 사람=협동심이 없는 사람'이라는 공식은 성립하지 않는다. 스포츠에서는 팀이 제기능을 하지 못할 경우, 멤버가 서로에게 의존하는 경우가 많다. 혼자라면 역량을 발휘할 수 있는 상황에서도 같이 몰려 있으면 경기 능력이 떨어진다. 서로에게 기대어 정신적으로 느슨해지고, 다른 팀원에게 의지만 하고 자신의 길을 의식하지 않은 채 그럭저럭 묻어가려 하기 때문이다. 각자 단독자가 되어 참가해야만 비로소 협동심이 생기고 강한 팀이 된다.

용기를 내어 단독자가 되어보라는 것은, 긴장을 풀고 혼자의 시간을 즐기며, 정신적으로 치유받으라는 말이 아니다. 혼자만의 시간은 에너지를 축적하기 위한 '충전 기간'이다. 혼자 보내는 시간 동안에만 성장하는 에너지가 있다. 능동적·적극적으로 단독자가 되어 자신을 갈고닦으면 인간으로서의 깊이가 생긴다. 자신과 마주하는 시간, 자신의 기량을 키우는 시간을 갖자. 그 시간은 축복처럼 당신의 성숙을 불러올 것이다.

용기 있게 혼자가 되어 자신과 마주하자

무리 지어 살 때는 다른 사람의 생각에 신경이 쓰이고, 무리에 휩쓸려 스스로의 내면을 갈고닦을 수 없다. 자신을 단련하기 위해서는 자기와 마주하는 시간이 반드시 필요하다. 그런 사람만이 진정한 창조성을 발휘할 수 있다.

사소한 것에 감정적이 되진 않는가?

카타르시스

'카타르시스(katharsis)'는 배출, 배설, 정화를 뜻하는 그리스어다. 신체적 의미의 배출과 동시에 정신적 정화 작용을 의미한다는 점에서 폭넓은 개념이다.

예전에 비해 경직되고 냉엄해진 현대사회에서 "좋아하지 않으면 지속할 수 없다", "좋다고 생각하지 않으면 일할 수 없다"는 의견이 각광받는 것은 참으면 어떻게든 된다는 생각이 환영받지 못하기 때문이다. 그런 상황에서 나는 마음의 자기 정화가 필요하다고 생각한다.

혹시 마음에 응어리를 쌓아두고 꼼짝하지 않는 완강한 타입은 아닌가? 그 응어리 때문에 매일 투덜대며 보내진 않는가. 이런 상태에서 벗어나려면 마음속 응어리를 처리해주는 '정화 작용'을 습득할 필요가 있다.

감동적인 연극이나 영화를 감상하고 눈물을 흘리고 난 후에는 기분이 개운해진다. 아리스토텔레스는《시학(Poiētikos)》에서 비극은 동정과 공포를 통해 감정의 카타르시스를 달성하는 것이라고 정의한다. 왜 사람들은 〈오이디푸스왕(Oedipus Rex)〉 같은 비극을 보는 걸까. 슬픈 연극을 보면 슬퍼지고 침울한 기분이 될 것 같은데 실제로는 그렇지 않다. 비극에는 부정적 감정을 흘려보내는 정화 작용이 있기 때문이다.

평론가이자 극작가인 후쿠다 쓰네아리(福田恒存)는 아리스토텔레스가《시학》에서 주장한 것을 근거로, 예술이 해야 할 역할과 효용 가운데 하나는 감정의 정화라면서 다음과 같이 말한다.

"예술작품에서 의미란 것은 이차적인 것으로 단순한 부산물에 불과하다. 고전이 항상 새로운 이유는 인간성의 본질과 통하는 카타르시스 효과를 갖기 때문이다. 정화 배설 작용은 한 번으로 끝나는 것이 아니라 몇 번씩이고 요구된다."

영화에도 정화 작용이 있다. 뮤지컬 영화〈라라랜드(La La Land)〉의 한 장면처럼 일상에서 갑자기 모든 걸 중지한 후 노래를 부르는 일은 없을 것이다. 진짜 하고 싶은 일을 찾았다거나 정말 좋아하는 사람을 만났을 때의 설렘, 혹은 높은 벽에 부딪쳐 고통스러운 기분을 표현해주는 노래를 감상하며 영화를 다 본 후에는 감상하는 사람의 마음도 가벼워져 있음을 느낀다.

애니메이션〈너의 이름은〉을 보고 있으면 마음속 응어리가 스르르 풀어진다. 그처럼 아름다운 해소가 바로 예술이다. 이렇게 예술은 나를 대신해 마음을 정리하고 가슴에 맺힌 응어리를 배설하는 작용을 한다.

힘겹게 사는 예술가의 작품을 마주할 때 오히려 마음이 편안해진다. 슬플 때는 비극을 관람하면 마음이 정화된다. 혹은 고난과 마주해 고투하는 논픽션을 읽으면 마음이 안정되는 느낌을 받는다.

누구에게나 주위와 충돌하지 않고, 상처 주거나 상처받는 일 없이, 화도, 짜증도, 불안감도 멀리하며 평온하게 지내고 싶다는 바람이 있다. 그러나 인간은 사소한 것에 감정적이 되는 것도 사실이다. 그럴 때 마음을 진정시키는 예술작품은 감정을 정화하고, 꽉 막힌 마음의 찌꺼기가 씻겨 내려가게 함으로써 감정을 통제하게 한다.

마음의 응어리를 씻어내는 자세를 갖자

마음의 정화를 위해서는 마음속 응어리를 씻어내는 것이 중요하다. 카타르시스를 일상에서 습관화하면 '일단 배설'할 필요가 있다. '매일의 생활에서 카타르시스를 느낌'으로써 정신 건강을 확인할 수 있다.

인생이 단조롭고 무의미하다고
생각하진 않는가?

축제

'축제(festival)'는 큰 잔치나 제전을 말하며 철학자 조르주 바타
유에 의해 학문적 개념이 되었다.

바타유는《저주의 몫(La Part Maudite)》에서 말한다.

"인간의 욕망은 점점 증식하는 '과잉성'을 갖는다. 인간이
진심으로 충족감과 삶의 보람을 느끼려면 이 과잉성을 맘껏
방출하는 것으로 균형을 맞출 필요가 있다. 그것이 축제다."

축제는 그날을 위해 저축한 에너지를 방출하는 행위다. 경

제적 이익이나 손실이라는 관점에서 '필요 이상으로 축적'에 얽매이면 충실함과 기쁨을 가져다주는 쾌락과 감동을 체험할 수 없다.

대학 졸업식 날도 역시 축제처럼 열기가 뜨거워진다. 졸업식 날 밤, 졸업생들을 비롯해 30~50명이 모여 분위기가 고조되고, 마지막에는 눈물을 흘리기도 한다. 그런 모습을 보면 대학생씩이나 되어보고 졸업식을 맞아 눈물을 흘리다니 이 사람들은 정말 행복하구나 하는 생각이 든다.

내가 도쿄대학을 졸업할 때는 그런 행복한 축제 공간이 없었다. 도쿄대학 법학부 학생들은 모두 열심히 공부하고 담담히 졸업한다. 수업도 축제와는 거리가 멀었으며 교수님 혼자 100분 넘게 열심히 말하고 그 말을 열심히 듣는 공간일 뿐이었다.

어린아이는 축제의 달인이다. 두세 살 아이는 만사에 놀랄 만큼 왕성한 호기심을 보인다. 눈에 보이고 귀에 들리는 온갖 것에 관심을 나타내며 "이건 뭐야? 왜 이래?" 하고 물어댄다. 새로운 것을 발견하면 그것으로 어떻게 놀아야 할지 궁리하고, 솔선해서 언어를 학습한다. 한마디로 '지혜에 대해 춤을 추고 모든 것을 축제화하는' 상태다. 어린아이는, 그야말로 역사학자 호이징가(H. Huizinga)가 말하는 호모 루덴스(hom ludens : 유희를 즐기는 인간)다.

그런데 어른으로 성장하면서 이 축제감각이 희미해진다. 그러므로 축제화는 어른에게 재훈련이 필요한 기술이다. 재훈련이 이루어지지 않으면 몸이 근질근질해져서 재미있는 일을 찾아 끝없이 헤매고, 에너지 넘칠 때의 감각을 맛보지 못하니 인생이 단조롭고 무의미하다고 생각한다.

나는 '축제' 혹은 '축제감각'이라는 단어를 자주 말한다. '만남을 축제로'는 내 삶의 좌우명이다.

나는 일도, 공부도 인생에서의 축제라고 생각한다. 그런 마음가짐으로 새로운 사람을 만나고, 새로운 아이디어를 생각하고, 새로운 물건을 만든다. 새로운 의미가 생겨나는 장소는 전부 축제의 장이 된다. 이 축제를 축하하는 마음으로, 매사에 기분 좋게 상대할 수 있으면 언젠가는 작고 사소한 자신을 극복할 수 있다.

새로운 가치를 만들어내는 행위와 그것을 나누는 시간이 바로 진정한 축제가 된다. 그러므로 '분위기를 고조시켜 즐길' 때 느껴지는 신체감각을 중시해야 한다. 주위 인간을 부추기고 분위기를 띄우려면 엄청난 에너지가 필요한데 이 에너지의 방출을 쾌감으로 느끼는 사람이라면 축제 공간을 만들어낼 수가 있다.

조직을 비롯한 일자리 분위기를 띄우는 것은 자신에 대한 긍지나 행복감과도 직결되는 문제다. 그것이 일의 보람이 되고 자신을 격려하는 힘이 된다.

축제 공간을 만드는 것은 결코 어려운 일이 아니다. 축제에 대한 신체감각을 잃어버린 팀원에게 어릴 적 느꼈던 놀이의 기쁨을 떠올리게만 하면 된다. 냉정하게 의사 결정을 하고 뜨겁게 분위기를 띄운다. 그런 '두한체열(頭寒體熱: 머리는 차게, 몸은 따뜻하게 하는 것)'이 이상적이다.

예를 들어 스티커 사진이라는 아이디어가 나왔을 때, 사진을 찍어 스티커로 만들면 재미있지 않을까 하며 개발팀의 분위기가 고조된 순간은 그들에겐 축제와도 같았을 것이다.

냉정하게 의사결정을 하고
뜨겁게 분위기를 띄우자

사람을 만나고 아이디어를 접할 때나 무엇과 무엇이 만나서 새로운 의미를 부여하는 순간이 오면 '재미있겠다'며 분위기가 고조된다. 그것을 축제화하려면 손뼉을 치고 환호성을 지르는 등 에너지를 방출해 그 자리의 열기를 고조시키는 것이 중요하다.

안전지대에만 머물진 않는가?

침범

조르주 바타유는 저서 《에로티즘(L'Erotisme)》에서 이렇게 말한다.

"인간은 자기 안에 있는 과잉된 폭력성, 충동을 억제함으로써 자연에 반항해 인간이 되었다. 이 금지(禁止)에 의해 안정된 사회적 노동과 생산이 가능해지는데, 금지를 침범해 뛰어넘은 곳에 에로티즘의 영역이 있다."

간단히 말하면, 인간만이 갖는 에로티즘이라는 감정은 일상에서는 '금지'되어 있는 성적 행위 영역에 '침범(violation)'함으로써 생기는 불안과 흥분이다.

우리는 금지로 정해진 '안전지대'를 보면 움츠러들어 늘 경계 안쪽에 있으려고 하지 않는가? 경계를 뛰어넘는 '월경(越境)'을 시도하는가? 근질근질 좀이 쑤시는 상태로 안쪽에 머물러 있는 데 만족하지는 않는가? 그런 감각에서 벗어나려면 무얼 해야 할까? 바타유가 말하는 침범은 그런 물음을 던지는 것이기도 하다.

'중심'과 '주변'이라는 사고방식이 있다. 모두가 공통적으로 가치를 인정하는 조직과 사회가 '중심'이라면, 그곳에서 약간 벗어난 곳에 '주변'이 있다. 서양 중심 시점에서 보면 일본이나 한국은 '마지널 맨(marginal man)', 즉 주변인이다.

마지널 맨은 '경계인'으로도 번역된다. 자신이 속한 조직이나 회사에 한쪽 다리를 둔 채 거기서 역할을 충실히 하고, 또 한편으로 다른 한쪽 다리는 사회에 두면서 자신의 역할을 바라본다. 한쪽 다리를 사회에 두고 자신이 속한 조직과 회사를 객관적으로 보는 힘을 가진 주변인, 혹은 월경자(越境者)는 모든 인생을 회사에 바치는 인간보다 새로운 가치를 만들어내기가 쉽다.

중심에 있는 사람들이 세상에서는 강하기 마련인데, 거기서 벗어난 주변에서 가치를 만들어내는 사람이 있어도 좋지 않을까.

문화인류학자 야마구치 마사오(山口昌男)는 아시아와 아프리카 등의 현지 조사 결과를 토대로, 사회는 중심과 주변으로 이루어져 있는데 그전까지 부정적인 면을 떠맡고 배제 대상으로 여겨지던 주변이 사실은 타자성을 갖고 있기 때문에 다의적인 풍요성을 재생산한다고 의미를 부여했다.

야마구치 마사오는 또 '트릭스터(trickster)'에 대해서도 언급한다. 트릭스터는 본디 신화나 이야기에서 '선과 악', '파괴와 생산', '현자와 우자'처럼 정반대되는 양면성을 갖고 있어 트릭(속임수)을 구사함으로써 신과 왕 등의 권력자를 농락하고 사회질서를 혼란스럽게 만드는 존재다. 일종의 형식 파괴적인 인물로 모두가 진지할 때 일부러 농담을 던져 그 의미와 가치를 의심하고 해체해버린다.

문학에도 꽤 많은 월경이 있다. 추리소설인데 순문학적이고, 순문학인데 추리소설적인, 경계를 뛰어넘는 작품들이 그러하다. 예를 들어 도스토옙스키의 《카라마조프가의 형제들》이 그렇다. 아버지를 살해한 범인이 누구인지 찾아가는 이 소설은 일종의 미스터리이면서 순문학이기도 하다. 기존의 장르를 돌파해버린 것이다. 이렇게 기성 개념을 극복하는 움직임은 사회나 조직의 기능 활성화로 이어진다.

안주하고 싶은 마음을 떨치고
스스로 주변으로 나가보자

무언가에 귀속되어 있는 것은 무기가 되기도 하지만 안이함으로 이어지면 원동력은커녕 발을 붙잡는 장애물이 될 수도 있다. 사람은 안전지대에 안주하고 싶어 하지만 때로는 경계 너머 사방에서 사물이나 사람과 이어진다. 인간은 그렇게 새로운 가치를 창조함으로써 빛나는 존재가 될 수 있다.

스스로 기분을
망쳐버리고 있지는 않은가?

조키겐

'기분 좋다', '신명 나다'라는 뜻을 가진 일본어 '조키겐(上機嫌)'
은 일상적으로 사용하는 말인데, 나는 이것을 하나의 개념으
로 제안하고 싶다. 조키겐이 단순한 기분이라면 개념이라 부
를 정도는 아니지만 그것을 기술, 작법으로 인식하면 개념이
된다. 이러한 생각으로《조키겐의 작법(上機嫌の作法)》이라는
책을 낸 적이 있다.

　영국 출신으로 일본에 귀화한 작가 라프카디오 헌(Lafcadio

Hearn)은《일본인의 모습(日本人の面影)》에서 이렇게 썼다.

"일본인의 모습은 정성 들여 완성된, 오랜 세월 키워온 작법이다. 상대방에게 가장 기분 좋은 얼굴은 웃는 얼굴이다. (…) 널리 세상에 대해서도 늘 활달한 태도를 보여 타인에게 유쾌한 인상을 주는 것이 그들에겐 생활 규범이 되어 있다. 예를 들어 심장이 터질 것처럼 힘들 때도 의연하게 웃는 얼굴을 무너뜨리지 않는 것이 그들의 사회적 의무다."

라프카디오 헌은 상당히 오래전의 일본을 말하고 있다. 그 시대 일본인들은 가령 남편이나 아내의 죽음 등 불행한 일을 말할 때조차 상대에게 슬픔을 옮기지 않도록 스스로 기분을 가다듬고 이야기했다. 라프카디오 헌은 이런 모습을 보며 "조키겐이란 정성 들여 완성한 작법"이라고 말한 것이다.

그러나 시대가 바뀌면서 세상은 지식인을 중심으로 '후키겐(不機嫌)'의 시대가 되었다. 후키켄은 '심기가 불편하다'는 뜻이다. 메이지 시대의 문학가들 가운데는 심기가 불편한 사람이 많았고, 한 집안의 가장인 아버지들도 마찬가지였다. 아버지가 불편한 기색을 보이면 가족 모두 눈치를 보고 신경을 써야 했다. 영화감독 구로자와 아키라(黑澤明)도 심기가 불편하고 무서운 사람이었다고 하는데, 요즘은 그처럼 싸늘한 분위기에 쉽게 수긍하지 않는다.

미숙한 젊은이들은 어느 정도 언짢은 표정으로 있어도 무방하다. 세상에 대해 화가 치밀어 오르거나 건방진 태도를 갖는 것도 하나의 에너지가 되기 때문이다. 그러나 서른 중반이 넘어도 기분을 통제하지 못한다면 그건 단순하고 미숙한 인간임을 증명할 뿐이다.

자신을 통제하는 데서 벗어나 신명나게 살아보는 한 단계 위의 삶을 생각하면 언짢은 기분은 전부 날려버릴 수 있지 않을까.

심기가 불편하면 운도 도망간다. 나로 말하면 20대 중반이 가장 불쾌한 시대였다. 일을 소개해주는 사람도 없었다. 후원해주고 이끌어주는 사람이 없으니 갈수록 운이 나빠지기만 했다.

그럴수록 의식적으로 사람을 기분 좋게 대하려고 신경 썼다. 그랬더니 여기저기서 기회가 찾아오고 일자리를 얻게 되었다. 기분을 통제하는 기술을 습득하면 자신에게 감춰진 능력을 발견할 수 있다. 후키겐, 즉 반항적 태도로는 생산성을 올릴 수 없다는 것을 나는 경험으로 체득했다.

직장인에겐 마음을 관리하는 기술이 필수다. 성과주의 도입, 비정규직 확대, 항시적 해고 등 업무 환경은 점점 냉혹해진다. 이런 시대에는 꼭 자질과 능력이 뛰어난 사람만 살아남는 것이 아니다. 밝은 사람, 활달한 사람, 뭔가 해보려고 의욕을 갖는 사람에게는 저절로 사람이 모여든다. 그와 함께함으로써 밝아지고, 성공하고, 즐거워지고 싶다는 바람이 작용하기 때문이다. 조키겐은 리더십의 기본인 구심력을 형성하게 해주는 중요한 조건이다.

대학 수업에서도 조키겐으로 신명 나게 하면 강의가 잘된다. 20년 넘게 몸소 실천한 결과, 직업적으로 조키겐이 몸에 배어 학생들에게 주의를 줄 때도 저절로 웃으면서 하게 되었다.

남태평양의 사모아섬에 가니 현지인들은 사람 앞에서 언짢은 기분으로 있는 것은 수치라는 식으로 말했다. 라프카디오 헌이 본 일본인들도 기분이 언짢거나 공황 상태에 있는 모습을 보이지 않으려 애쓰며 안정된 상태를 중시했다. 우리는 '날마다 좋은 날(日日是好日)'을 살아가는 것을 인생 최대의 과제로 삼을 필요가 있다.

기분을 통제하는 기술을 습득하려면 겉모습부터 시작하는 것이 좋다. 힘을 빼고 부드럽게 웃는 얼굴로 사람을 대하되 서두르지 말아야 한다. 조직에서 실수한 사람이 있다 해도 그 사람 덕분에 깨닫는 점도 있다고 생각하자. 앞으로는 같은 일이 반복되지 않도록 시스템을 개선하면 되니까. 이런 느낌으로 효과적으로 조키겐을 연출해 회사에서 심각해지는 조직 분위기를 가볍게 할 수 있다.

연습을 통해 조키겐을 연출하는 작법을 습득하자

흔히 스스로 기분을 통제할 수 없다고 생각하지만 조키겐은
기질이 아니라 연습으로 익히는 작법이다. 심신이 신명 나지
않는 상태에선 아이디어도 떠오르지 않는다. 조키겐을 통해서
는 대인관계도 활발해진다. 그러므로 직장 상사를 비롯해 부
서의 리더 위치에 있는 사람은 특히 조키겐을 잘 연출해낼 필
요가 있다.

남을 모방하는 것은 나쁘다고
생각하지 않는가?

모방 욕망

사람에게는 '모방하고 싶다는 욕망(désir d'imitation)'이 있고, 그 욕망 자체가 사람의 욕망을 모방하고 있다. 그것이 욕망의 본질이라는 개념을 알고 눈이 번쩍 뜨였다.

사상가 르네 지라르(René Girard)는 《낭만적 거짓과 소설적 진실(Mensonge Romantique et Vérité Romanesque)》에서 욕망은 타인의 욕망을 모방하는 데서 생긴다고 말했다. 이는 "욕망은 모방된다"는 헤겔의 말에서 시작된 것으로, 가령 한 여성이 한 남성을 좋아한다고 고백하는 순간, 그전까지 그런 일은 전혀 생각하지 않았던 다른 여성이 그 남성을 좋아하게 되어 빼앗아버린다. 지라르는 타인이 주체의 욕망을 저해하는 경쟁자로 변함으로써 주체, 타인, 욕망의 대상이 삼각형이 된다는 점에서 이 관계를 욕망의 삼각형이라 불렀다.

문학에서는 삼각형 관계를 다루는 작품이 적지 않다. 나쓰메 소세키의 《마음(こころ)》에서도 K가 하숙집 딸을 좋아한다고 말하자 친구인 '선생님'은 K를 속이고 그녀를 가로챈다. 선생님도 하숙집 딸을 좋아하고 있었을지 모르지만 경쟁 상대가 나오자 감정이 불타올라 K를 속이고 먼저 청혼한다. K의 욕망의 모방이었던 셈인데, 결과적으로 이것이 K를 죽음에 이르게 한다.

자신이 하고 싶고 갖고 싶은 것은, 정말 하고 싶고 갖고 싶은 것이라기보다는 타인의 욕망의 모방 아닐까. 그 사람이 갖고 싶어 하는 건 분명 좋은 것일 테니…… 광고는 의식적으로 이 과정을 만들어냄으로써 수요를 창출한다. 텔레비전 광고에서 맛있게 먹으면 자신도 먹고 싶어진다. '갖고 싶다'는 기분을 가진 사람이 있으면 다른 사람에게 그 기분이 전염된다.

예전에 홍차버섯 건강법이 크게 인기를 끈 적이 있는데 지금은 시들해졌다. 나도 그 건강법을 따라 해봤지만 한 번 만에

끝이 났다. 결국 타인의 욕망을 모방하고 유행을 따라 했던 것 뿐이다.

세상의 가치는 욕망의 모방으로 이루어지고, 좋다고 생각 하는 사람이 증가하면 그 가치가 가속화한다. 패션 업계는 이 를 역이용해 올해 유행은 이러한데, 내년 트렌드는 이렇게 될 것이라 예측함으로써 수요를 환기시킨다. 욕망의 모방을 이 용해 유행을 만들어냄으로써 비즈니스가 성립하는 이상, 우 리는 좋든 싫든 욕망의 모방이 증폭하는 사회를 살아갈 수밖 에 없다.

모방하고 싶은 것이 있으면 거기서 가치가 생겨난다. 교육 으로 말하면, 누군가를 가르친다는 것은 동경을 동경하게 만 드는 힘이다. 가르치는 측이 지금 하려는 것에 동경을 갖는 것 이 중요하다. 사람은 누군가가 동경하는 것을 동경하려는 성 질을 가지기 때문이다.

가르치는 측에게 그런 생각이 없으면 배우는 측의 동기부 여가 저하된다. 가르치는 측이 배우는 측에게 열정을 갖는 것 이 아니라 스스로 동경하는 데 열정을 쏟음으로써 제자가 그 동경을 모방하고 싶다는 방향으로 이끄는 것이 교육이다. 가 르치는 측의 동경이 학생들의 동경을 만든다. 학생 측에서 보 면 '선생님의 동경을 동경하는 것'이 된다.

따라 하는 것, 모방하는 것이 독창성을 방해한다는 생각은 아직도 뿌리 깊게 남아 주술이 되었을 정도다. 세상에는 자기 머리를 쓰지 않고 그대로 재탕해서 유용하는 등의 규칙 위반도 횡행하는데 그러한 것은 확실히 문제가 된다. 하지만 문화의 원점에는 전부 모방이 있다. 모방에 기초를 두어야 독창성도 발휘할 수 있다. 자신의 독창적 스타일을 확립한 예술가는 의도적으로 훌륭한 선배를 모방하고 그 과정에서 자신만의 표현을 가미한다. 그럼으로써 이전까지의 작품과는 전혀 다른 독창적 스타일을 만들어낸다.

그의 욕망을 동경할 만한 선배를 갖자

긍정적 모방으로 선배의 뛰어난 방식에 자신만의 방식을 가미함으로써 전혀 다른 스타일을 만들어낼 수 있다. 당신은 자신 안에 받아들인 무언가를 소화해 자신만의 표현과 스타일을 만들어낼 수 있는가? 그렇게 하기 위한 변환 장치를 갖겠다고 발상을 전환하는 것이 중요하다.

교양을 쌓는 노력을 하고 있는가?

빌둥

'빌둥(Bildung)'은 '형성'을 의미하는 독일어다. 자기 형성과 교양은 한 쌍을 이루므로 빌둥을 교양에 의한 자기 형성이라고도 한다. 또한 자기 형성 과정을 그린 소설을 '빌둥스로만(Bildungsroman, 교양소설, 성장소설)'이라고 한다.

괴테(J. W. Goethe)의 《젊은 베르테르의 슬픔》, 로맹 롤랑의 《장 크리스토프》, 헤르만 헤세(Hermann Hesse)의 《데미안(Demian)》, 토마스 만(Thomas Mann)의 《마의 산(Der Zauberberg)》

등은, 주인공이 고난을 통해 많은 것을 배우고 어엿한 어른으로 우뚝 설 때까지의 성장 과정을 그린다.

《장 크리스토프》는 내가 대학 입시에 실패하고 재수를 할 때 읽었던 청춘소설이다. 집 떠나 혼자 생활하는 것이 불안했던 나는 인간의 성장을 그린 이 책을 매일 밤 조금씩 읽으면서 정신을 가다듬었다. 이 장대한 스토리를 읽으면 자신이 하나의 인생을 살아낸 것 같은 느낌이 든다.

또한 《데미안》에서는 크로마에게 괴롭힘을 당한 기억으로 번민하는 싱클레어의 모습이 그려진다.

이상과 현실의 괴리에 고민하며 이 같은 현실에서 무엇을 해야 할지, 어떻게 살아야 할지 모색하던 당시의 나에게는 주인공이 인생의 다양한 사건과 마주하는 이야기의 세계에 푹 빠지는 것이 절실히 필요했다.

대학원 시절에 '빌둥스로만을 읽는 모임'이 있었다. 이 모임에서는 매달 성장소설과 교양소설로만 한 권씩을 읽었다. 그런 경험을 되살려 메이지대학 학생들에게 성장소설을 읽어보자고 하니 꽤 많은 사람이 모였고 '빌둥스 연구회'라는 독서 모임을 격주로 열게 되었다.

성장소설과는 타입이 다르지만 가르시아 마르케스(Garcia Márquez)의 《백 년 동안의 고독(Cien Anos de Soledad)》을 읽는 독서 모임도 인기가 있었다. 이 소설은 신기루의 마을 마콘도를 세운 한 가문의 흥망성쇠를 그린 이야기다.

　책을 읽고 나니 신기한 느낌이 들었다. 이런 감각, 이런 향기는 내 어릴 적 기억에 있는 무엇인가를 떠올리게 했다. 인생은 그 자체가 여행과 같아서 스스로의 인생을 성장소설로 설정하면 자신에게도 꽤 여러 일이 있었다는 것을 깨닫게 된다.

　자신의 인생을 자세히 들여다본 사람은 누구라도 한 권의 성장소설을 쓰고도 남을 것이다. 사소한 에피소드들은 잊어버리기 쉬워서 막연하게만 기억이 나는데 수첩이나 스마트폰에 메모를 해두면 훗날 자신의 성장 과정을 되돌아볼 수 있다.

　어느 텔레비전 프로그램에서 진행자가 게스트에게 지금까지 했던 일 중에 정말 바보 같은 짓이 무엇이냐고 묻는 것을 보고 생각나는 것들을 하나하나 썼다. 그러고 나서 의외로 수많은 어리석은 일을 저질렀음을 깨달았다.

　도스토옙스키의 《죄와 벌》의 주인공 라스콜리니코프는 자존심만 세서 일을 하지 않는다. 천재는 무얼 해도 용서받는다는 알 수 없는 논리로, 전당포 노파보다는 자신이 돈을 가져야 효과적으로 쓸 수 있다고 생각한 그는 노파를 죽이고 돈을 빼앗는다. 그런 바보 같은 인간인데, 책을 읽어보면 나에게도 라스콜리니코프 같은 교만한 면이 있다는 생각이 들었다.

나카지마 아쓰시(中島敦)의 소설《산월기(山月記)》는 중국의 한 관리가 '소심한 자존심'과 '거만한 수치심' 때문에 결국 비참하게 식인 호랑이가 된다는 이야기다. 소심한 자존심이나 거만한 수치심이 실패를 유발하는 경우는 흔하므로 소설은 혹시 나에게도 그런 태도가 있는지 비춰주는 거울이 되어준다.

때론 자신을 돌아보기 위한 시점을 가져보자

교양이란 다른 시점에서 자신을 돌아보기 위한 '장치'다. 소설을 통해 자신의 인생을 재점검하는 것도 그중 하나다. 교양은 마음의 면역력을 키워준다. 이처럼 선인(先人)이 남겨준 문화를 흡수하고 그것을 스스로의 노력으로 피와 살로 바꾸어 자신을 형성하는 행위가 바로 교양이다.

사람으로서의 덕(德)을
의식하며 사는가?

지/인/용

'그 사람은 덕이 있다'고 하는 것은 사람으로서 매우 좋은 자질을 갖고 있다는 의미다. 이 인덕(人德)에 대해서 공자는 "지혜로운 사람은 미혹하지 않고, 어진 사람은 근심하지 않으며, 용감한 사람은 두려워하지 않는다(智者不惑 仁者不憂 勇者不懼)"라며 지·인·용(智·仁·勇)이라는 세 가지 덕을 말했다.

유학자 사토 잇사이(佐藤一齊)는 말했다.

"지·인·용에 대해 많은 사람들이 '이처럼 큰 덕 모두를 바라기는 어렵다'라고 한다. 그렇지만 한 마을을 책임지는 자는 백성과 가까이하는 것이 본래의 직무이므로 숨겨진 일을 조사해 바로잡는 '지(智)'와 고아와 가난한 자를 가엾게 여기는 '인(仁)', 간악한 자를 누르는 '용(勇)'을 모두 갖추어야 한다. 이 삼덕을 행하고 있는지 숙고해야 한다. 실제 상황에서 시도하고 실행하면 그것으로 족하다"라고 했다.

나는 '3'이라는 숫자에는 인간을 움직이는 특별한 힘이 있다고 생각한다. 3은 망설임 없이 실행하기에 딱 좋은 숫자다. 3은 매사를 하나로 묶고, 분류하고, 단단히 정착시키는 데도 힘을 발휘한다. 발이 두 개 달린 의자보다는 세 개 달린 의자가 훨씬 안정적인 것만 보아도 알 수 있는 사실이다.

지·인·용은 인간 정신의 골격을 이루는 세 기둥이다. '지'는 매사를 잘 알아서 판단함으로써 실수가 없게 하는 판단력이다. '인'은 동정하는 감정과 배려의 마음이다. '용'은 고난을 두려워하지 않고 맞서는 용기이자 행동력이다. 이러한 지·인·용을 갖추었다면 인간으로서는 합격점을 받았다고 생각하면 된다.

세상에는 머리 좋고 판단력도 정확하지만 배려심이라곤 없는 사람이 있다. 반대로 상냥하고 정감 있지만 판단력이 없는 사람도 있다. 이 두 유형 모두 문제가 된다. 지·인 모두 인간이라면 어느 한쪽도 갖추지 못하면 안 될 자질이며 거기에 더해 용기가 필요하다.

성공한 기업가에게 성공 비결을 물었더니, 수많은 어려움들을 극복하게 해주는 '담력'과 '행동력'이라고 했다. 창업을 하거나 스스로 가치를 만들어내는 사람은 용기 있게 고난에 맞서 싸우고, 행동해야 할 필요성을 잘 알고 있다.

이 삼덕을 터득하면 일이 잘 안 풀려도 '지'가 부족했기 때문이다, '용'이 부족해서다, 인의 마음이 부족해 인망이 없었기 때문이다, 하고 그 원인을 유추할 수 있으므로 앞으로 어떻게 해야 할지가 보인다. 그러나 유교의 가르침이 몸에 배어 있던 시대와 달리 지금은 삼덕을 의식하는 사람이 그리 많지 않다. 그래서 나는 공자 이래 2500년 역사를 가진 지·인·용을 신체론적으로 인식할 수 있도록 하기 위해서, 세 가지 덕을 각각 느낄 수 있는 몸의 위치를 정해 신체 퍼포먼스로 의식하는 작업을 하고 있다.

강의를 할 때 "몸에서 지에 해당된다고 생각하는 곳에 오른손을 놓아보세요, 하나, 둘, 셋" 하고 신호를 보내면 대부분 이마, 즉 전두엽에 손을 댄다. 전두엽은 사람 뇌의 사령탑으로, 생각과 행동, 의사 결정을 관리하며, 말을 하게 하고 몸을 움직이는 기능도 맡고 있다. 즉 사람이 사람으로 존재할 수 있도록 하는 부분이다. 여기에 손을 대는 것으로 전두엽이 있는 이마에 존재하는 '제3의 눈'을 의식하려는 시도다.

"인이 어디에 있다고 생각하나요" 하고 물으면 많은 사람들이 '가슴'에 손을 댄다. 진심, 상냥함, 심장 등이 가슴과 연관되는 것이다. 가슴이 두근거린다, 가슴이 시원하다, 연애를 하면 가슴이 뜨거워진다 할 때 느끼는 신체감각이 중요하다.

"용은 어디에 있다고 생각하나요" 하고 물으면 대다수 사람이 '배'에 손을 댄다. 배(복부)라고 하는 곳은 실제로는 제하단전(臍下丹田)을 말한다. 손가락 세 개를 가로로 눕혀 배꼽 아래에 댔을 때 세 번째 손가락이 닿는 위치가 제하단전이다. 예전에는 띠를 매고 제하단전을 의식해보기도 했다. 그렇게까지는 하지 않더라도 때로 배에 손을 대고 힘이 들어가는지 의식해볼 필요가 있다.

나는 이 세 부분에 손을 대고 지금 내게 무엇이 부족한가, 지금은 괜찮은가, 하는 식으로 확인하면서 '지인용 운동'을 한다.

공자의 인생을 보면 15년 정도 여러 나라를 돌아다니는 동안 어디서도 관직에 오르지 못했다. 요컨대 취직을 못 한 것이다. 나도 일을 하지 못한 시절이 있었는데, "공자 같은 사람도 취직을 못 했으니 나 같은 사람은 불평할 게 없다"며 마음을 다

잡았다.

공자가 훌륭한 것은 세상의 인정을 받지 못해도 자포자기하지 않았다는 점이다. 쓸데없이 자존심이 셌기 때문이 아니다. 그는 자신이 도울 사람이 있으면 당장이라도 그 사람에게 달려가려고 했다. 공자는 세상에 도움이 되고 싶다, 유익한 인물은 능력을 펼치게 해주면 좋겠다고 늘 생각하던 사람이다.

《논어》에는 "덕은 외롭지 않다. 반드시 이웃이 있다(德不孤, 必有隣)"라는 글이 있다. 덕이 있는 사람은 고립되지 않으며 반드시 좋은 협력자를 만난다고 일반적으로 해석한다. 나는 이 말을 "여러 가지 덕은 서로 이웃해 있어서 하나를 습득하면 이웃한 덕도 따라온다"고 해석한다. 지·인·용 중 어느 것이든 자신이 잘하는 것, 할 수 있는 것을 키워나가면 다른 덕은 저절로 따라오게 되어 있다.

지·인·용으로 마음의 내진구조를 튼튼히 하자

지인용은 말과 행동을 할 때의 원리 원칙이다. 이 세 가지만 있으면 된다 하고 단순하게 생각하면 무엇에도 흔들리지 않는 마음의 내진구조를 튼튼히 할 수 있다. 지·인·용을 실천함으로써 늘 새로운 재료를 자신에게 공급하자.

나는 깨달음과는 무관하다고
생각해왔는가?

깨달음

일본인에게 '사토리(悟り : 갑작스러운 깨달음)'가 무엇인지 물으면
답을 내놓는 사람이 많지 않다. 반면에 외국인이 좋아하는 일
본어 가운데 하나가 '젠(禪)', 즉 '선'이다. 외국인들은 '선' 하면
일본이라고 생각한다. 인도에 뿌리를 둔 선은 중국을 거쳐 일
본에 건너와 꽃피웠다. 이런 과정을 거쳐 마침내 일본은 '선의
대국'이 되었다. 깨달음을 묻는 것이 선의 목적이다. 깨달음이
라는 불교의 개념은 어렵지 않으니 외국인이 선이나 깨달음에

대해서 물으면 대답할 수 있도록 알아두면 좋을 것이다.

깨달음이란 '자연스럽게 지금의 순간에 집중할 수 있는 상태', '그것으로 자신의 의식이 지나치게 앞서지 않은 상태', '긴장을 풀고 집중할 수 있는 상태', 즉 '어떤 것에도 마음을 빼앗기지 않는 맑고 조용한 몸과 신체'다.

조동종(曹洞宗)의 시조 도겐(道元) 선사는 말했다.

"'자나 깨나' 모든 것이 선이다, '자기를 익히는 것은 자기를 잊는 것이다', 즉 자신의 몸과 마음에 대한 집착으로 생겨나는 번뇌에서 벗어났을 때 심신의 해탈과 깨달음이 있다."

쉬운 예를 들어보자. 예를 들어 깨달음의 상태에서는 산을 오를 때 '이 고개를 넘으면 정상이 나올까' 하는 생각을 하지 않고 한 걸음 한 걸음 앞으로 나가며 거침없이 산을 오른다.

반대로 깨닫지 못한 사람은 '지금'에 지나치게 집중한다. 가령 내일 시험이 신경 쓰여 눈앞의 공부가 손에 잡히지 않는다. '지금'이 '장래'에 침식당하고, 이전 시험의 결과가 나빴으니 이번에도 마찬가지일 거라며 '과거'에도 침식당한다. 선에서는 과거와 미래를 끊는 '전후제단'을 중시한다.

나는 인생 도처에 깨달음이 있다고 생각한다. 기분이 안정되어 힘을 빼고서도 집중할 수 있는 깨달음의 상태는 인간으로서 최강 모드다. 인생이 생각대로 풀리지 않아 불안하고 짜증 난다면 '깨달음 부족'이 원인일 경우가 많다.

주위 평가에 크게 신경 쓰지 않는 사람들이 있다. 그들은 자신에 대한 평가에 아랑곳하지 않고 일의 결과만 좋으면 된다는 '무(無)의 경지'로 일하기 때문에 결과적으로 성과를 낸다. 선에는 혼자 벽을 보고 참선하는 수행도 있는데 이것은 타인의 인정을 받지 못하면 자신이 존재할 수 없다는 나약함에서 벗어나 무연(無緣)해지기 위함이다. 무의 경지에서 자기를 제대로 응시하면 타인의 인정을 받지 않아도 존재 의의를 알 수 있다.

본디 불교는 유일신을 설정하지 않고 스스로 깨달음을 얻는 종교다. 나는 깨달음의 척도를 부처율로 규정하고, '석존(釋尊: 석가모니를 높여 이르는 말)'의 경지를 100퍼센트로 삼아 일상생활에서 부처율을 높이자고 주장한다. 우리가 부처처럼 부처율 100퍼센트가 되기는 어려워도 반대로 깨달음이 0인 경우도 없다. 누구나 일상에서 몇 퍼센트의 깨달음은 얻는다.

깨달음과 무의 경지가 도달할 수 없는 고상한 세계라는 생각은 버리는 것이 좋다. 나는 항상 "평범한 사람도 깨달을 수 있다", "누구나 부처의 직제자가 될 수 있다"고 말한다.

예를 들어 100장이나 되는 답안지를 채점해야 할 때가 있는데 힘든 일, 반복적인 일을 계속하다 보면 기계적으로 그 일을 하게 되고 어느 순간 귀찮다는 생각조차 하지 않게 된다. 이 것도 일종의 무의 경지, 깨달음이다.

아이디어가 번득였다, 멜로디가 떠올랐다. 자신이 한 게 아니라 몸이 멋대로 움직였다 등의 체험을 누구나 한 번쯤 해봤을 것이다. 노벨물리학상을 수상한 마스카와 도시히데(益川敏英) 박사는 소립자를 사차원 모델로 규명하려 애쓰다가 좌절감을 느끼고 포기해버렸다. 그런데 욕조의 뜨거운 물에 몸을 담그고 생각하다가 욕조에서 일어났을 때 육차원 모델이라면 가능할 거라는 생각이 그의 머리에 떠올랐다. 포기하고 백지 상태가 되었을 때 아이디어가 번득인 것이다.

남을 이겨야 한다, 인기가 있어야 한다는 욕심이 있는 사람들은 그러한 자의식이 겉에 드러나기 마련이고 튀고 싶어 한다, 상대하기 피곤한 사람이라는 인상을 준다. 주위 사람들은 그런 사람들에게 거부감을 갖거나 혐오감을 느끼기도 한다.

자신이란 것이 지워지면 지금 이곳에 있는 자신에게 주의를 기울이는 심신의 상태가 된다. 신체의 중심에 있어서든 마음과 정신의 방향성에 있어서든 의존하지 않고 여유를 갖는 자세는 인생을 편하게 해준다.

깨달음을 일상에서 실천하는 기술로 만들자

편향된 사고방식과 편협한 시각을 버리고, 평정된 마음을 단
련하는 것으로 깨달음의 척도가 높아진다. 그 결과 매사에 흔
들림 없는 평정심과 안심, 균형감각이 키워지고 올바른 판단
력이 생긴다. 누구나 이러한 체험을 할 수 있고 습관화(깨달음의
기술화)할 수 있다.

풍류 있는 삶을 진부하다고
생각하진 않는가?

이키

인생을 단순히 먹고 자고 그럭저럭 생활하며 끝낸다면 너무 허무하다. 누구에게나 더 아름답게 살고 싶다는 소망이 있지 않을까. 다카쿠라 켄(高倉健: 영화〈철도원〉으로 잘 알려진 일본의 대표 영화배우)이 사망했을 때 많은 사람이 그의 죽음을 슬퍼했다. 그 것은 그의 외모뿐 아니라 영화 속에서 연기한 모습, 혹은 그의 사생활에서 느껴지는 삶의 미학이 이런 삶을 사는 사람은 앞 으로는 나오지 않을 거라는 느낌을 주었기 때문이다.

켄이 영화에서 연기한 캐릭터는 무뚝뚝하지만 진심이 담긴 사람으로, 뒷모습과 행동으로 일관되게 자신의 미학을 보여주었다. 우리는 그런 사람을 일컬어 '이키(粹)'라고 생각한다.

일본인의 삶의 미학의 근본이랄까, 독특한 미의식을 이키라는 개념으로 인식한 것이 철학자 구키 슈조(九鬼周造)다. 구키는 유럽에 오랜 시간 머물며 서양철학을 연구하던 중 오히려 일본의 아름다움과 문화에 끌리게 된다. 그리고 귀국 후 《이키의 구조(いきの構造)》를 쓴다. 이키하게 사는 것은 일본인 특유의 삶의 미학이다. 앞에서도 언급했지만 구키에 따르면 이키란 '색기(미태)'를 '마음의 강함·생기(의기)'와 '세련된 태도(체념)'로 억제한, 절묘하게 균형을 이룬 상태다.

'미태(媚態)'는 쉽게 말하면, 자신이 반한 상대를 자기 사람으로 하고 싶다는 욕망에서 배어 나오는 색기다. 그런데 반한 상대가 자기 사람이 되고 나면 미태가 약해진다. 자기 사람으로 하고 싶다는 일종의 긴장감이 있어야 미태가 지속될 수 있다. 구키는 그렇게 하려면 의기와 체념이 필요하다고 말한다.

의기란 기개, 활기, 혹은 오기 같은 것이다. 미태를 지속시키고 잃지 않도록 하려는 것, 그리고 거기에 멈추지 않고 더욱 갈고닦는 것이 의기다. 즉 이키 있는 행동과 존재로 있으려는 기개다.

인간관계에서 이키는 상대방과 평행선, 즉 가깝지도 멀지도 않은 관계를 지속하게 해주는 강한 마음이다. 이러한 두 가지 긴장감이 없으면 극단적인 경우 스토커가 되거나 상대에 빠져버려 시키는 대로 하게 된다. 이키한 태도, 이키한 삶은 '상대와 적정한 거리를 유지하는 것'이다.

체념은 한마디로 욕망에 집착하지 않는 상태다. 인생의 경험을 쌓아 쓴맛, 단맛을 다 아는, 좋은 의미에서 포기의 경지다. 인생을 아는 사람은 지나치게 세련되지도 않고 야만적이지도 않다. 지나치게 화려하지도, 수수하지도 않다. 체념의 경지는 그 중간을 이해하는 것이다. 이키한 태도, 이키한 삶이란 '지나치게 억제도, 개방도 하지 않는 적당한 삶'을 말한다.

이처럼 미태와 색기를 가진 사람은 상대와 적정한 거리를 유지하는 적당한 삶을 살 수 있다. 그런 사람은 타인을 매료한다. 연기자도 남녀 가리지 않고 인기 있는 배우는 용모뿐만 아니라 자기 삶의 미학을 갖고 있는 경우가 많다.

삶을 돌이켜볼 때 가령 열심히 일하며 살아왔지만 이키라는 개념으로 보면 거의 칭찬받을 만한 것이 못 된다는 생각이 들 때가 있다. 일에서 큰 성과를 내고 주목받는 것을 보람으로 여겨왔지만 과연 화려한 삶 일변도로 살아도 괜찮은 걸까. 착실하게 성과를 내며 수수하게 사는 것도 하나의 생활 방식이 아닐까 하는 생각을 갖게 된다. 그런 식으로 자기 삶의 미학을 추구함으로써 겉보기만 근사한 것이 아니라 진정한 자신을 만들 수 있다.

다양한 문제를 안고 있고, 어떻게든 그 문제들을 해결하는 것이 벅차 사람과의 관계에 개의치 않으려는 사람이 늘고 있다. 이 때문에 사람들은 서로 멀어진다. 사람과의 교류가 적어지고 사는 것 자체가 재미없어지는 것이다.

이키한 삶은 삶의 에너지를 높여준다. 순풍일 때도 역풍일 때도, 순조로울 때도 어려울 때도, 자기 삶의 미학을 갖고 있는 사람은 늘상 활기 넘친다. 그런 사람이 많아지면 교류가 희박해지는 사회를 활성화할 수 있다.

이키한 삶은 결코 진부하지 않다. "논어를 읽되 논어를 모른다"는 말이 있다. 학문만 아는 유식한 바보, 즉 아무리 많은 책을 읽고 방대한 지식을 쌓아도 삶의 미학을 갖지 못한다면 그 지식을 활용할 수 없다. 미학이 있는 이키한 삶이야말로 지극히 현대적인 요청이라 할 수 있다.

흔들리지 않는 마음의 심지를 갖자

이키를 알고 풍류적 삶을 살 수 있는 사람은 흔들림 없는 마음을 갖고 있다. 강한 마음을 갖겠다면 필요 이상으로 집착하거나 얽매이지 않도록 노력해야 한다. 기개를 잃지 말고 세련되고 고집 있는, 이키한 어른으로 활기 있게 살도록 노력하자.